지혜와 복덕의 문

金剛般若波羅蜜經

[사경집]

若復有人 聞此經典 信心不逆 其福勝彼
何況書寫受持讀誦 爲人解說

『金剛經』「持經功德分 第十五」

또 어떤 사람이 이 경의 말씀을 듣고 비방하지 않고 믿는다면
이 복은 저 복보다 더 뛰어나다.
하물며 이 경전을 베껴 쓰고 받고 지니고 읽고 외우고
다른 이를 위해 설명해 주면 어떠하겠는가!

감수의 글

오늘날 종교학자들은 인간이 살아가는 활동을 중심으로 종교를 바라봅니다. 종교가 인간의 삶에서 어떻게 역할을 하는 가에 따라 전제주의 종교와 인본주의 종교로 나누기도 합니다. 전제주의 종교는 초월적인 존재에게 무조건 복종을 강요하지만, 인본주의 종교는 인간과 인간의 능력이 중심이 됩니다. 불교는 연기론(緣起論)을 바탕으로 우리가 당면한 현실의 고통을 치유하는데 관심을 둡니다. 우리 불자들은 자신의 고통은 자신의 노력으로 해결할 수 있다는 부처님의 가르침을 따르며 수행을 통해 더 나은 내일을 희망하고 있습니다.

의상조사는 화엄경의 핵심을 담은 법성게에서 '우보익생만허공 중생수기득이익(雨寶益生滿虛空 衆生隨器得利益)'이라고 했습니다. '중생을 위한 보배가 하늘에서 비처럼 쏟아지는데 중생들은 각자의 그릇에 따라 그 보배를 받는구나'하는 안타까움이 배어있습니다. 그 그릇을 크게 만들어 보배를 가득 담는 방법은 불자들이 예불할 때마다 독송하는 천수경에도 잘 나와 있습니다. '도량청정무하예 삼보천룡강차지(道場淸淨無瑕穢 三寶天龍降此地)' '도량, 즉 내가 때 없이 청정해야 보배가 바로 나에게 내려온다' 이렇게 이해해도 무방한 구절입니다.

금강경은 이미 아라한과를 증득한 수보리 존자가 부처님께 보살도를 행하는 방법을 여쭙고 답을 듣는 내용입니다. 금강경은 여시아문(如是我聞)으로 시작되는 것에서 알 수 있듯이 부처님의 말씀을 그대로 옮겨 적은 것으로 불교의 진수를 고스란히 담고 있습니다. 산스크리트어, 팔리어로 적은 경전을 구마라습이 한문으로 옮기고 우리에게는 고려대장경 등으로 판각되어 전해지고 있습니다. 이후 인쇄술의 발달로 금강경 등 경전을 손쉽게 인쇄할 수 있게 되었는데 이때부터 경전 제작에 오류가 발생하기 시작합니다. 우리 불자들이 부처님의 가르침을 따라 배우는 기본 바탕인 경전에 다름이 있을 수 없습니다. 특히 부처님의 가르침을 왜곡하는 일은 절대로 없어야 겠습니다.

저는 불자로 활동하며 국내 사찰은 물론 티베트, 중국, 인도, 네팔, 일본, 미얀마, 미국, 프랑스 등 해외 사찰과 명상센터를 탐방할 기회가 많았습니다. 특히 1992년 10월에는 티베트 망명정부의 초청으로 달라이라마 법왕을 친견하기도 했습니다. 이후 '달라이라마의 사상'에 관한 서적을 여러 권 발간하여 보급한 공덕으로 Tibet Support Group 한국 대표를 10여 년간 역임하기도 했습니다. 그해에는 중국 불교와의 교류도 많았습니다. 숭산 소림사 초청으로 소림무술관 시범을 참관하고, 석영산 방장스님과 한·중 불교 교류 협력에 대해 협의하기도 했습니다.

세계 곳곳의 사찰은 각기 고유의 경전을 바탕으로 부처님의 가르침을 따르고 있습니다. 또한 불교 행사도 그 지역의 문화를 담고 있어 우리 불교와는 많은 차이가 있습니다. 불교는 포용의 종교로 그 품이 넓기 때문입니다. 하지만 한 문화 속에서 같은 언어와 문자를 사용하는 우리나라의 불교가 사찰별로 다른 점이 많다는 것은 불자로 이해하기 어렵습니다. 특히 경전이 사찰마다 다르다는 것은 부처님의 가르침이 그만큼 왜곡되고 있다는 방증이어서 우리 불자들이 나서서 해결해야 할 시급한 과제입니다.

저는 이번에 도서출판 오색필통에서 발간하는 『금강경』사경집을 감수하며 많은 자료를 모으고, 여러 방면으로 스님과 불교학자를 만나 조언을 구했습니다. 많은 가르침에 지면을 빌려 감사의 말씀을 드립니다. 또한 본 사경집을 조판하며 수정에 수정을 거듭해도 묵묵히 꼼꼼하게 작업에 응해준 출판사 직원들에게도 치하의 말씀을 전합니다. 보시 중에 법보시가 으뜸이라고 합니다. 사경(寫經)은 경전을 손으로 써서 이웃에게 전하는 법보시의 한 방법으로 시작되었습니다. 사경의 공덕은 너무도 커서 경전에서는 무량공덕이라고 말씀하십니다. 제가 이번에 감수한 이 『금강경』사경집이 우리 불자님들의 손에 하나하나 전해져서 지혜와 복덕의 문을 활짝 열고 소원하시는 일 모두 원만하게 성취하시기를 발원합니다.

大見 **최평규 합장**

행정학(복지)박사, 명예철학박사
현)신불교선학원 로터스포럼 회장(상임대표)
현)국제禪문화교류협회(본부, 일본 동경) 한국대표
전)한국교수불자연합회 정책자문위원
전)티베트망명정부 Tibet Support Group 한국대표

조계종 표준『금강경』을 따랐습니다. 시중에 유통되고 있는『금강경』과 다른 부분을 아래와 같이 정리했습니다.

위치	일반 금강경	표준 금강경	비고
법회인유분 제1	着衣持鉢	著衣持鉢	着→著
선현기청분 제2	右膝着地	右膝著地	着→著
일상무상분 제9	須陀洹	須陁洹	陀→陁 8곳
	是第一離欲阿羅漢 世尊 我不作是念	是第一離欲阿羅漢 我不作是念	世尊 삭제
	世尊即不說	世尊則不說	即→則
장엄정토분 제10	燃燈佛	然燈佛	燃→然 2곳
존중정교분 제12	即爲有佛若尊重弟子	則爲有佛若尊重弟子	即→則
여법수지분 제13	即非般若波羅蜜	則非般若波羅蜜	即→則
이상적멸분 제14	無我相無人 相無衆生相無壽者相	無我相人相衆生相壽者相	無 3곳 삭제
	即非第一波羅蜜	非第一波羅蜜	即 삭제
	如來說非忍辱波羅蜜 是名忍辱波羅蜜	如來說非忍辱波羅蜜	是名忍辱波羅蜜 삭제
	又說一切衆生 即非衆生	又說一切衆生 則非衆生	即→則
능정업장분 제16	過去無量阿僧祇劫	過去無量阿僧祇劫	祇→祇
	於燃燈佛前	於然燈佛前	燃→然
구경무아분 제17	佛告須菩提 若善男子善女人	佛告須菩提 善男子善女人	若 삭제
	發阿耨多羅三藐三菩提心者	發阿耨多羅三藐三菩提者	心 삭제
	實無有法 發阿耨多羅三藐三菩提心者	實無有法 發阿耨多羅三藐三菩提者	心 삭제
	佛於燃燈佛所	佛於然燈佛所	燃→然
	燃燈佛 則不與我授記	然燈佛 則不與我受記	燃→然, 授→受

표에 있는 내용과 함께 틀리기 쉬운 한자 해설이
네이버 블로그(https://blog.naver.com/areumy1)에 연재되고 있습니다.

위치	일반 금강경	표준 금강경	비고
구경무아분 제17	燃燈佛 與我授記	然燈佛 與我受記	燃→然, 授→受
	如來說人身長大 卽爲非大身	如來說人身長大 則爲非大身	卽→則
일체동관분 제18	如一恒河中所有沙 有如是沙等恒河	如一恒河中所有沙 有如是等恒河	沙 삭제
복지무비분 제24	乃至算數譬喩	乃至筭數譬喩	算→筭
화무소화분 제25	如來說 有我者 卽非有我	如來說 有我者 則非有我	卽→則
	如來說 卽非凡夫 是名凡夫	如來說 則非凡夫	卽→則, 是名凡夫 삭제
무단무멸분 제27	發阿耨多羅三藐三菩提心者	發阿耨多羅三藐三菩提者	心 삭제
	說諸法斷滅 莫作是念	說諸法斷滅相 莫作是念	相 넣기
불수불탐분 제28	勝前菩薩所得功德 何以故 須菩提	勝前菩薩所得功德 須菩提	何以故 삭제
일합이상분 제30	寧爲多不 須菩提言 甚多世尊	寧爲多不 甚多世尊	須菩提言 삭제
	實有者 佛卽不說是微塵衆	實有者 佛則不說是微塵衆	卽→則
	佛說微塵衆 卽非微塵衆	佛說微塵衆 則非微塵衆	卽→則
	如來所說三千大千世界 卽非世界	如來所說三千大千世界 則非世界	卽→則
	如來說一合相 卽非一合相	如來說一合相 則非一合相	卽→則
	一合相者 卽是不可說	一合相者 則是不可說	卽→則

발원문

_____ 합장

사경 시작한 날 :　　　　년　월 　일

金	剛	般	若	波	羅	蜜	經
쇠 금	굳셀 강	반야 반	반야 야	물결 파(바)	그물 라	꿀 밀	글 경
金	剛	般	若	波	羅	蜜	經

1 法會因由分 第一

如	是	我	聞	一	時	佛	在	舍	衛
같을 여	이 시	나 아	들을 문	한 일	때 시	부처 불	있을 재	집 사	지킬 위
如	是	我	聞	一	時	佛	在	舍	衛

國	祇	樹	給	孤	獨	園	與	大	比
나라 국	클 기	나무 수	공급할 급	외로울 고	홀로 독	동산 원	더불 여	큰 대	견줄 비
國	祇	樹	給	孤	獨	園	與	大	比

丘	衆	千	二	百	五	十	人	俱	爾
언덕 구	무리 중	일천 천	두 이	일백 백	다섯 오	열 십	사람 인	함께 구	그 이
丘	衆	千	二	百	五	十	人	俱	爾

時	世	尊	食	時	著	衣	持	鉢	入
때 시	세상 세	높을 존	밥 식	때 시	입을 착	옷 의	가질 지	발우 발	들 입
時	世	尊	食	時	著	衣	持	鉢	入

舍	衛	大	城	乞	食	於	其	城	中
집 사	지킬 위	큰 대	성 성	빌 걸	밥 식	어조사 어	그 기	성 성	가운데 중
舍	衛	大	城	乞	食	於	其	城	中

次	第	乞	已	還	至	本	處	飯	食
다음 **차**	차례 **제**	빌 **걸**	마칠 **이**	돌아올 **환**	이를 **지**	근본 **본**	곳 **처**	밥 **반**	먹을 **사**
次	第	乞	已	還	至	本	處	飯	食

訖	收	衣	鉢	洗	足	已	敷	座	而
마칠 **흘**	거둘 **수**	옷 **의**	발우 **발**	씻을 **세**	발 **족**	마칠 **이**	펼 **부**	자리 **좌**	말이을 **이**
訖	收	衣	鉢	洗	足	已	敷	座	而

坐
앉을 **좌**
坐

時	長	老	須	菩	提	在	大	衆	中
때 시	어른 장	늙을 로	모름지기 수	보리 보	보리수 리	있을 재	큰 대	무리 중	가운데 중
時	長	老	須	菩	提	在	大	衆	中

卽	從	座	起	偏	袒	右	肩	右	膝
곧 즉	따를 종	자리 좌	일어날 기	치우칠 편	웃통벗을 단	오른쪽 우	어깨 견	오른쪽 우	무릎 슬
卽	從	座	起	偏	袒	右	肩	右	膝

著	地	合	掌	恭	敬	而	白	佛	言
붙을 착	땅 지	모을 합	손바닥 장	공손할 공	공경할 경	말이을 이	아뢸 백	부처 불	말씀 언
著	地	合	掌	恭	敬	而	白	佛	言

希	有	世	尊	如	來	善	護	念	諸
드물 **희**	있을 **유**	세상 **세**	높을 **존**	같을 **여**	올 **래**	잘할 **선**	지킬 **호**	생각 **념**	모두 **제**
希	有	世	尊	如	來	善	護	念	諸

菩	薩	善	付	囑	諸	菩	薩	世	尊
보리 **보**	보살 **살**	잘할 **선**	줄 **부**	부탁할 **촉**	모두 **제**	보리 **보**	보살 **살**	세상 **세**	높을 **존**
菩	薩	善	付	囑	諸	菩	薩	世	尊

善	男	子	善	女	人	發	阿	耨	多
착할 **선**	사내 **남**	아들 **자**	착할 **선**	여자 **여**	사람 **인**	일어날 **발**	언덕 **아**	김맬 **누**	많을 **다**
善	男	子	善	女	人	發	阿	耨	多

羅	三	藐	三	菩	提	心	應	云	何
그물 라	석 삼	아득할 막(먁)	석 삼	보리 보	보리수 리	마음 심	응당 응	이를 운	어찌 하

住	云	何	降	伏	其	心	佛	言	善
머무를 주	이를 운	어찌 하	항복할 항	엎드릴 복	그 기	마음 심	부처 불	말씀 언	착할 선

哉	善	哉	須	菩	提	如	汝	所	說
어조사 재	착할 선	어조사 재	모름지기 수	보리 보	보리수 리	같을 여	너 여	바 소	말씀 설

如	來	善	護	念	諸	菩	薩	善	付
같을 여	올 래	잘할 선	지킬 호	생각할 념	모두 제	보리 보	보살 살	잘할 선	줄 부

囑	諸	菩	薩	汝	今	諦	聽	當	爲
부탁할 촉	모두 제	보리 보	보살 살	너 여	이제 금	살필 체(제)	들을 청	마땅할 당	위할 위

汝	說	善	男	子	善	女	人	發	阿
너 여	말씀 설	착할 선	사내 남	아들 자	착할 선	여자 여	사람 인	일어날 발	언덕 아

耨	多	羅	三	藐	三	菩	提	心	應
김맬 **누**	많을 **다**	그물 **라**	석 **삼**	아득할 **막(먁)**	석 **삼**	보리 **보**	보리수 **리**	마음 **심**	응당 **응**
耨	多	羅	三	藐	三	菩	提	心	應

如	是	住	如	是	降	伏	其	心	唯
같을 **여**	이 **시**	머무를 **주**	같을 **여**	이 **시**	항복할 **항**	엎드릴 **복**	그 **기**	마음 **심**	오직 **유**
如	是	住	如	是	降	伏	其	心	唯

然	世	尊	願	樂	欲	聞
그러할 **연**	세상 **세**	높을 **존**	원할 **원**	좋아할 **요**	하고자할 **욕**	들을 **문**
然	世	尊	願	樂	欲	聞

佛	告	須	菩	提	諸	菩	薩	摩	訶
부처 **불**	알릴 **고**	모름지기 **수**	보리 **보**	보리수 **리**	모두 **제**	보리 **보**	보살 **살**	문지를 **마**	꾸짖을 **가(하)**

薩	應	如	是	降	伏	其	心	所	有
보살 **살**	응당 **응**	같을 **여**	이 **시**	항복할 **항**	엎드릴 **복**	그 **기**	마음 **심**	바 **소**	있을 **유**

一	切	衆	生	之	類	若	卵	生	若
한 **일**	모두 **체**	무리 **중**	날 **생**	어조사 **지**	무리 **류**	같을 **약**	알 **란**	날 **생**	같을 **약**

胎	生	若	濕	生	若	化	生	若	有
아이밸 태	날 생	같을 약	젖을 습	날 생	같을 약	될 화	날 생	같을 약	있을 유
胎	生	若	濕	生	若	化	生	若	有

色	若	無	色	若	有	想	若	無	想
빛 색	같을 약	없을 무	빛 색	같을 약	있을 유	생각 상	같을 약	없을 무	생각 상
色	若	無	色	若	有	想	若	無	想

若	非	有	想	非	無	想	我	皆	令
같을 약	아닐 비	있을 유	생각 상	아닐 비	없을 무	생각 상	나 아	다 개	하여금 영
若	非	有	想	非	無	想	我	皆	令

入	無	餘	涅	槃	而	滅	度	之	如
들 입	없을 무	남을 여	개흙 열	쟁반 반	말이을 이	다할 멸	건널 도	어조사 지	같을 여

是	滅	度	無	量	無	數	無	邊	衆
이 시	다할 멸	건널 도	없을 무	헤아릴 량	없을 무	셀 수	없을 무	가 변	무리 중

生	實	無	衆	生	得	滅	度	者	何
날 생	참될 실	없을 무	무리 중	날 생	얻을 득	다할 멸	건널 도	사람 자	어찌 하

以	故	須	菩	提	若	菩	薩	有	我
써 이	연고 고	모름지기 수	보리 보	보리수 리	만약 약	보리 보	보살 살	있을 유	나 아

相	人	相	衆	生	相	壽	者	相	卽
모양 상	사람 인	모양 상	무리 중	날 생	모양 상	목숨 수	것 자	모양 상	곧 즉

非	菩	薩
아닐 비	보리 보	보살 살

復	次	須	菩	提	菩	薩	於	法	應
다시 **부**	다음 **차**	모름지기 **수**	보리 **보**	보리수 **리**	보리 **보**	보살 **살**	어조사 **어**	법 **법**	응당 **응**

無	所	住	行	於	布	施	所	謂	不
없을 **무**	바 **소**	머무를 **주**	행할 **행**	어조사 **어**	베풀 **포(보)**	베풀 **시**	바 **소**	이를 **위**	아닐 **부**

住	色	布	施	不	住	聲	香	味	觸
머무를 **주**	빛 **색**	베풀 **포(보)**	베풀 **시**	아닐 **부**	머무를 **주**	소리 **성**	향기 **향**	맛 **미**	닿을 **촉**

法	布	施	須	菩	提	菩	薩	應	如
법 법	베풀 포(보)	베풀 시	모름지기 수	보리 보	보리수 리	보리 보	보살 살	응당 응	같을 여

是	布	施	不	住	於	相	何	以	故
이 시	베풀 포(보)	베풀 시	아닐 부	머무를 주	어조사 어	모양 상	어찌 하	써 이	연고 고

若	菩	薩	不	住	相	布	施	其	福
만약 약	보리 보	보살 살	아닐 부	머무를 주	모양 상	베풀 포(보)	베풀 시	그 기	복 복

德	不	可	思	量	須	菩	提	於	意
덕 덕	아니 불	가히 가	생각 사	헤아릴 량	모름지기 수	보리 보	보리수 리	어조사 어	뜻 의
德	不	可	思	量	須	菩	提	於	意

云	何	東	方	虛	空	可	思	量	不
이를 운	어찌 하	동녘 동	방향 방	빌 허	빌 공	가히 가	생각 사	헤아릴 량	아닐 부
云	何	東	方	虛	空	可	思	量	不

不	也	世	尊	須	菩	提	南	西	北
아니 불	어조사 야	세상 세	높을 존	모름지기 수	보리 보	보리수 리	남녘 남	서녘 서	북녘 북
不	也	世	尊	須	菩	提	南	西	北

方	四	維	上	下	虛	空	可	思	量
방향 **방**	넉 **사**	구석 **유**	위 **상**	아래 **하**	빌 **허**	빌 **공**	가히 **가**	생각 **사**	헤아릴 **량**
方	四	維	上	下	虛	空	可	思	量

不	不	也	世	尊	須	菩	提	菩	薩
아닐 **부**	아니 **불**	어조사 **야**	세상 **세**	높을 **존**	모름지기 **수**	보리 **보**	보리수 **리**	보리 **보**	보살 **살**
不	不	也	世	尊	須	菩	提	菩	薩

無	住	相	布	施	福	德	亦	復	如
없을 **무**	머무를 **주**	모양 **상**	베풀 **포(보)**	베풀 **시**	복 **복**	큰 **덕**	또 **역**	다시 **부**	같을 **여**
無	住	相	布	施	福	德	亦	復	如

是	不	可	思	量	須	菩	提	菩	薩
이 시	아니 불	가히 가	생각 사	헤아릴 량	모름지기 수	보리 보	보리수 리	보리 보	보살 살
是	不	可	思	量	須	菩	提	菩	薩

但	應	如	所	敎	住
다만 단	응당 응	같을 여	바 소	가르칠 교	머무를 주
但	應	如	所	敎	住

5 如理實見分 第五

須	菩	提	於	意	云	何	可	以	身
모름지기 수	보리 보	보리수 리	어조사 어	뜻 의	이를 운	어찌 하	가히 가	써 이	몸 신
須	菩	提	於	意	云	何	可	以	身

相	見	如	來	不	不	也	世	尊	不
모양 상	볼 견	같을 여	올 래	아닐 부	아니 불	어조사 야	세상 세	높을 존	아니 불
相	見	如	來	不	不	也	世	尊	不

可	以	身	相	得	見	如	來	何	以
가히 가	써 이	몸 신	모양 상	얻을 득	볼 견	같을 여	올 래	어찌 하	써 이
可	以	身	相	得	見	如	來	何	以

故	如	來	所	說	身	相	卽	非	身
연고 고	같을 여	올 래	바 소	말씀 설	몸 신	모양 상	곧 즉	아닐 비	몸 신
故	如	來	所	說	身	相	卽	非	身

相	佛	告	須	菩	提	凡	所	有	相
모양 상	부처 불	고할 고	모름지기 수	보리 보	보리수 리	무릇 범	바 소	있을 유	모양 상
相	佛	告	須	菩	提	凡	所	有	相

皆	是	虛	妄	若	見	諸	相	非	相
다 개	이 시	빌 허	허망할 망	만약 약	볼 견	모두 제	모양 상	아닐 비	모양 상
皆	是	虛	妄	若	見	諸	相	非	相

則	見	如	來
곧 즉	볼 견	같을 여	올 래
則	見	如	來

須	菩	提	白	佛	言	世	尊	頗	有
모름지기 수	보리 보	보리수 리	아뢸 백	부처 불	말씀 언	세상 세	높을 존	자못 파	있을 유
須	菩	提	白	佛	言	世	尊	頗	有

衆	生	得	聞	如	是	言	說	章	句
무리 중	날 생	얻을 득	들을 문	같을 여	이 시	말씀 언	말씀 설	글 장	글귀 구
衆	生	得	聞	如	是	言	說	章	句

生	實	信	不	佛	告	須	菩	提	莫
날 생	참될 실	믿을 신	아닐 부	부처 불	고할 고	모름지기 수	보리 보	보리수 리	말 막
生	實	信	不	佛	告	須	菩	提	莫

作	是	說	如	來	滅	後	後	五	百
지을 **작**	이 **시**	말씀 **설**	같을 **여**	올 **래**	다할 **멸**	뒤 **후**	뒤 **후**	다섯 **오**	일백 **백**
作	是	說	如	來	滅	後	後	五	百

歲	有	持	戒	修	福	者	於	此	章
해 **세**	있을 **유**	가질 **지**	경계할 **계**	닦을 **수**	복 **복**	사람 **자**	어조사 **어**	이 **차**	글 **장**
歲	有	持	戒	修	福	者	於	此	章

句	能	生	信	心	以	此	爲	實	當
글귀 **구**	능할 **능**	날 **생**	믿을 **신**	마음 **심**	써 **이**	이 **차**	할 **위**	참될 **실**	마땅할 **당**
句	能	生	信	心	以	此	爲	實	當

知	是	人	不	於	一	佛	二	佛	三
알 지	이 시	사람 인	아니 불	어조사 어	한 일	부처 불	두 이	부처 불	석 삼
知	是	人	不	於	一	佛	二	佛	三

四	五	佛	而	種	善	根	已	於	無
넉 사	다섯 오	부처 불	말이을 이	심을 종	착할 선	뿌리 근	이미 이	어조사 어	없을 무
四	五	佛	而	種	善	根	已	於	無

量	千	萬	佛	所	種	諸	善	根	聞
헤아릴 량	일천 천	일만 만	부처 불	자리 소	심을 종	모두 제	착할 선	뿌리 근	들을 문
量	千	萬	佛	所	種	諸	善	根	聞

是	章	句	乃	至	一	念	生	淨	信
이 시	글 장	글귀 구	이에 내	이를 지	한 일	생각 념	날 생	깨끗할 정	믿을 신
是	章	句	乃	至	一	念	生	淨	信

者	須	菩	提	如	來	悉	知	悉	見
것 자	모름지기 수	보리 보	보리수 리	같을 여	올 래	다 실	알 지	다 실	볼 견
者	須	菩	提	如	來	悉	知	悉	見

是	諸	衆	生	得	如	是	無	量	福
이 시	모두 제	무리 중	날 생	얻을 득	같을 여	이 시	없을 무	헤아릴 량	복 복
是	諸	衆	生	得	如	是	無	量	福

德	何	以	故	是	諸	衆	生	無	復
덕 덕	어찌 하	써 이	연고 고	이 시	모두 제	무리 중	날 생	없을 무	다시 부
德	何	以	故	是	諸	衆	生	無	復

我	相	人	相	衆	生	相	壽	者	相
나 아	모양 상	사람 인	모양 상	무리 중	날 생	모양 상	목숨 수	것 자	모양 상
我	相	人	相	衆	生	相	壽	者	相

無	法	相	亦	無	非	法	相	何	以
없을 무	법 법	모양 상	또 역	없을 무	아닐 비	법 법	모양 상	어찌 하	써 이
無	法	相	亦	無	非	法	相	何	以

故	是	諸	衆	生	若	心	取	相	則
연고 고	이 시	모두 제	무리 중	날 생	만약 약	마음 심	취할 취	모양 상	곧 즉
故	是	諸	衆	生	若	心	取	相	則

爲	着	我	人	衆	生	壽	者	若	取
될 위	붙을 착	나 아	사람 인	무리 중	날 생	목숨 수	것 자	만약 약	취할 취
爲	着	我	人	衆	生	壽	者	若	取

法	相	卽	着	我	人	衆	生	壽	者
법 법	모양 상	곧 즉	붙을 착	나 아	사람 인	무리 중	날 생	목숨 수	것 자
法	相	卽	着	我	人	衆	生	壽	者

何	以	故	若	取	非	法	相	卽	着
어찌 하	써 이	연고 고	만약 약	취할 취	아닐 비	법 법	모양 상	곧 즉	붙을 착
何	以	故	若	取	非	法	相	卽	着

我	人	衆	生	壽	者	是	故	不	應
나 아	사람 인	무리 중	날 생	목숨 수	것 자	이 시	연고 고	아니 불	응당 응
我	人	衆	生	壽	者	是	故	不	應

取	法	不	應	取	非	法	以	是	義
취할 취	법 법	아니 불	응당 응	취할 취	아닐 비	법 법	써 이	이 시	뜻 의
取	法	不	應	取	非	法	以	是	義

故	如	來	常	說	汝	等	比	丘	知
연고 고	같을 여	올 래	항상 상	말씀 설	너 여	무리 등	견줄 비	언덕 구	알 지
故	如	來	常	說	汝	等	比	丘	知

我	說	法	如	筏	喻	者	法	尚	應
나 아	말씀 설	법 법	같을 여	뗏목 벌	깨우칠 유	것 자	법 법	오히려 상	응당 응
我	說	法	如	筏	喻	者	法	尚	應

捨	何	況	非	法
버릴 사	어찌 하	하물며 황	아닐 비	법 법
捨	何	況	非	法

須	菩	提	於	意	云	何	如	來	得
모름지기 수	보리 보	보리수 리	어조사 어	뜻 의	이를 운	어찌 하	같을 여	올 래	얻을 득
須	菩	提	於	意	云	何	如	來	得

阿	耨	多	羅	三	藐	三	菩	提	耶
언덕 아	김맬 누	많을 다	그물 라	석 삼	아득할 막(먁)	석 삼	보리 보	보리수 리	어조사 야
阿	耨	多	羅	三	藐	三	菩	提	耶

如	來	有	所	說	法	耶	須	菩	提
같을 여	올 래	있을 유	바 소	말씀 설	법 법	어조사 야	모름지기 수	보리 보	보리수 리
如	來	有	所	說	法	耶	須	菩	提

言	如	我	解	佛	所	說	義	無	有
말씀 언	같을 여	나 아	알 해	부처 불	바 소	말씀 설	뜻 의	없을 무	있을 유
言	如	我	解	佛	所	說	義	無	有

定	法	名	阿	耨	多	羅	三	藐	三
정할 정	법 법	이름 명	언덕 아	김맬 누	많을 다	그물 라	석 삼	아득할 막(먁)	석 삼
定	法	名	阿	耨	多	羅	三	藐	三

菩	提	亦	無	有	定	法	如	來	可
보리 보	보리수 리	또 역	없을 무	있을 유	정할 정	법 법	같을 여	올 래	가히 가
菩	提	亦	無	有	定	法	如	來	可

說	何	以	故	如	來	所	說	法	皆
말씀 **설**	어찌 **하**	써 **이**	연고 **고**	같을 **여**	올 **래**	바 **소**	말씀 **설**	법 **법**	다 **개**
說	何	以	故	如	來	所	說	法	皆

不	可	取	不	可	說	非	法	非	非
아니 **불**	가히 **가**	취할 **취**	아니 **불**	가히 **가**	말씀 **설**	아닐 **비**	법 **법**	아닐 **비**	아닐 **비**
不	可	取	不	可	說	非	法	非	非

法	所	以	者	何	一	切	賢	聖	皆
법 **법**	바 **소**	써 **이**	것 **자**	어찌 **하**	한 **일**	모두 **체**	어질 **현**	성인 **성**	다 **개**
法	所	以	者	何	一	切	賢	聖	皆

以	無	爲	法	而	有	差	別
써 **이**	없을 **무**	할 **위**	법 **법**	말이을 **이**	있을 **유**	어긋날 **차**	나눌 **별**
以	無	爲	法	而	有	差	別

8 依法出生分 第八

須	菩	提	於	意	云	何	若	人	滿
모름지기 **수**	보리 **보**	보리수 **리**	어조사 **어**	뜻 **의**	이를 **운**	어찌 **하**	만약 **약**	사람 **인**	찰 **만**
須	菩	提	於	意	云	何	若	人	滿

三	千	大	千	世	界	七	寶	以	用
석 **삼**	일천 **천**	큰 **대**	일천 **천**	세상 **세**	경계 **계**	일곱 **칠**	보배 **보**	써 **이**	쓸 **용**
三	千	大	千	世	界	七	寶	以	用

布	施	是	人	所	得	福	德	寧	爲
베풀 포(보)	베풀 시	이 시	사람 인	바 소	얻을 득	복 복	덕 덕	어찌 영	할 위
布	施	是	人	所	得	福	德	寧	爲

多	不	須	菩	提	言	甚	多	世	尊
많을 다	아닐 부	모름지기 수	보리 보	보리수 리	말씀 언	심할 심	많을 다	세상 세	높을 존
多	不	須	菩	提	言	甚	多	世	尊

何	以	故	是	福	德	卽	非	福	德
어찌 하	써 이	연고 고	이 시	복 복	덕 덕	곧 즉	아닐 비	복 복	덕 덕
何	以	故	是	福	德	卽	非	福	德

性	是	故	如	來	說	福	德	多	若
성품 성	이 시	연고 고	같을 여	올 래	말씀 설	복 복	덕 덕	많을 다	만약 약
性	是	故	如	來	說	福	德	多	若

復	有	人	於	此	經	中	受	持	乃
다시 부	있을 유	사람 인	어조사 어	이 차	경전 경	가운데 중	받을 수	가질 지	이에 내
復	有	人	於	此	經	中	受	持	乃

至	四	句	偈	等	爲	他	人	說	其
이를 지	넉 사	글귀 구	노래 게	무리 등	위할 위	다를 타	사람 인	말씀 설	그 기
至	四	句	偈	等	爲	他	人	說	其

福	勝	彼	何	以	故	須	菩	提	一
복 복	뛰어날 승	저 피	어찌 하	써 이	연고 고	모름지기 수	보리 보	보리수 리	한 일
福	勝	彼	何	以	故	須	菩	提	一

切	諸	佛	及	諸	佛	阿	耨	多	羅
모두 체	모두 제	부처 불	및 급	모두 제	부처 불	언덕 아	김맬 누	많을 다	그물 라
切	諸	佛	及	諸	佛	阿	耨	多	羅

三	藐	三	菩	提	法	皆	從	此	經
석 삼	아득할 막(먁)	석 삼	보리 보	보리수 리	법 법	다 개	따를 종	이 차	경전 경
三	藐	三	菩	提	法	皆	從	此	經

出	須	菩	提	所	謂	佛	法	者	卽
날 **출**	모름지기 **수**	보리 **보**	보리수 **리**	바 **소**	이를 **위**	부처 **불**	법 **법**	것 **자**	곧 **즉**
出	須	菩	提	所	謂	佛	法	者	卽

非	佛	法
아닐 **비**	부처 **불**	법 **법**
非	佛	法

9 一相無相分 第九

須	菩	提	於	意	云	何	須	陁	洹
모름지기 **수**	보리 **보**	보리수 **리**	어조사 **어**	뜻 **의**	이를 **운**	어찌 **하**	모름지기 **수**	비탈질 **태(다)**	강이름 **원**
須	菩	提	於	意	云	何	須	陁	洹

能	作	是	念	我	得	須	陁	洹	果
능할 **능**	지을 **작**	이 **시**	생각 **념**	나 **아**	얻을 **득**	모름지기 **수**	비탈질 **타(다)**	강이름 **원**	열매 **과**
能	作	是	念	我	得	須	陁	洹	果

不	須	菩	提	言	不	也	世	尊	何
아닐 **부**	모름지기 **수**	보리 **보**	보리수 **리**	말씀 **언**	아니 **불**	어조사 **야**	세상 **세**	높을 **존**	어찌 **하**
不	須	菩	提	言	不	也	世	尊	何

以	故	須	陁	洹	名	爲	入	流	而
써 **이**	연고 **고**	모름지기 **수**	비탈질 **타(다)**	강이름 **원**	이름 **명**	할 **위**	들 **입**	흐를 **류**	말이을 **이**
以	故	須	陁	洹	名	爲	入	流	而

無	所	入	不	入	色	聲	香	味	觸
없을 무	바 소	들 입	아니 불	들 입	빛 색	소리 성	향기 향	맛 미	닿을 촉
無	所	入	不	入	色	聲	香	味	觸

法	是	名	須	陁	洹	須	菩	提	於
법 법	이 시	이름 명	모름지기 수	비탈질 타(다)	강이름 원	모름지기 수	보리 보	보리수 리	어조사 어
法	是	名	須	陁	洹	須	菩	提	於

意	云	何	斯	陁	含	能	作	是	念
뜻 의	이를 운	어찌 하	이 사	비탈질 타(다)	머금을 함	능할 능	지을 작	이 시	생각 념
意	云	何	斯	陁	含	能	作	是	念

我	得	斯	陁	含	果	不	須	菩	提
나 아	얻을 득	이 사	비탈질 타(다)	머금을 함	열매 과	아닐 부	모름지기 수	보리 보	보리수 리
我	得	斯	陁	含	果	不	須	菩	提

言	不	也	世	尊	何	以	故	斯	陁
말씀 언	아니 불	어조사 야	세상 세	높을 존	어찌 하	써 이	연고 고	이 사	비탈질 타(다)
言	不	也	世	尊	何	以	故	斯	陁

含	名	一	往	來	而	實	無	往	來
머금을 함	이름 명	한 일	갈 왕	올 래	말이을 이	참될 실	없을 무	갈 왕	올 래
含	名	一	往	來	而	實	無	往	來

是	名	斯	陁	含	須	菩	提	於	意
이 시	이름 명	이 사	비탈질 태(다)	머금을 함	모름지기 수	보리 보	보리수 리	어조사 어	뜻 의
是	名	斯	陁	含	須	菩	提	於	意

云	何	阿	那	含	能	作	是	念	我
이를 운	어찌 하	언덕 아	어찌 나	머금을 함	능할 능	지을 작	이 시	생각 념	나 아
云	何	阿	那	含	能	作	是	念	我

得	阿	那	含	果	不	須	菩	提	言
얻을 득	언덕 아	어찌 나	머금을 함	열매 과	아닐 부	모름지기 수	보리 보	보리수 리	말씀 언
得	阿	那	含	果	不	須	菩	提	言

不	也	世	尊	何	以	故	阿	那	含
아니 불	어조사 야	세상 세	높을 존	어찌 하	써 이	연고 고	언덕 아	어찌 나	머금을 함
不	也	世	尊	何	以	故	阿	那	含

名	爲	不	來	而	實	無	不	來	是
이름 명	할 위	아니 불	올 래	말이을 이	참될 실	없을 무	아니 불	올 래	이 시
名	爲	不	來	而	實	無	不	來	是

故	名	阿	那	含	須	菩	提	於	意
연고 고	이름 명	언덕 아	어찌 나	머금을 함	모름지기 수	보리 보	보리수 리	어조사 어	뜻 의
故	名	阿	那	含	須	菩	提	於	意

云	何	阿	羅	漢	能	作	是	念	我
이를 운	어찌 하	언덕 아	그물 라	한수 한	능할 능	지을 작	이 시	생각 념	나 아

得	阿	羅	漢	道	不	須	菩	提	言
얻을 득	언덕 아	그물 라	한수 한	길 도	아닐 부	모름지기 수	보리 보	보리수 리	말씀 언

不	也	世	尊	何	以	故	實	無	有
아니 불	어조사 야	세상 세	높을 존	어찌 하	써 이	연고 고	참될 실	없을 무	있을 유

法	名	阿	羅	漢	世	尊	若	阿	羅
법 **법**	이름 **명**	언덕 **아**	그물 **라**	한수 **한**	세상 **세**	높을 **존**	만약 **약**	언덕 **아**	그물 **라**
法	名	阿	羅	漢	世	尊	若	阿	羅

漢	作	是	念	我	得	阿	羅	漢	道
한수 **한**	지을 **작**	이 **시**	생각 **념**	나 **아**	얻을 **득**	언덕 **아**	그물 **라**	한수 **한**	길 **도**
漢	作	是	念	我	得	阿	羅	漢	道

卽	爲	着	我	人	衆	生	壽	者	世
곧 **즉**	할 **위**	붙을 **착**	나 **아**	사람 **인**	무리 **중**	날 **생**	목숨 **수**	것 **자**	세상 **세**
卽	爲	着	我	人	衆	生	壽	者	世

尊	佛	說	我	得	無	諍	三	昧	人
높을 존	부처 불	말씀 설	나 아	얻을 득	없을 무	다툴 쟁	석 삼	새벽 매	사람 인

中	最	爲	第	一	是	第	一	離	欲
가운데 중	가장 최	할 위	차례 제	한 일	이 시	차례 제	한 일	떠날 이	하고자 할 욕

阿	羅	漢	我	不	作	是	念	我	是
언덕 아	그물 라	한수 한	나 아	아닐 부	지을 작	이 시	생각 념	나 아	이 시

離	欲	阿	羅	漢	世	尊	我	若	作
떠날 이	하고자 할 욕	언덕 아	그물 라	한수 한	세상 세	높을 존	나 아	만약 약	지을 작
離	欲	阿	羅	漢	世	尊	我	若	作

是	念	我	得	阿	羅	漢	道	世	尊
이 시	생각 념	나 아	얻을 득	언덕 아	그물 라	한수 한	길 도	세상 세	높을 존
是	念	我	得	阿	羅	漢	道	世	尊

則	不	說	須	菩	提	是	樂	阿	蘭
곧 즉	아니 불	말씀 설	모름지기 수	보리 보	보리수 리	이 시	좋아할 요	언덕 아	난초 란
則	不	說	須	菩	提	是	樂	阿	蘭

那	行	者	以	須	菩	提	實	無	所
어찌 **나**	행할 **행**	사람 **자**	써 **이**	모름지기 **수**	보리 **보**	보리수 **리**	참될 **실**	없을 **무**	바 **소**

行	而	名	須	菩	提	是	樂	阿	蘭
행할 **행**	말이을 **이**	이름 **명**	모름지기 **수**	보리 **보**	보리수 **리**	이 **시**	좋아할 **요**	언덕 **아**	난초 **란**

那	行
어찌 **나**	행할 **행**

佛	告	須	菩	提	於	意	云	何	如
부처 불	고할 고	모름지기 수	보리 보	보리수 리	어조사 어	뜻 의	이를 운	어찌 하	같을 여

來	昔	在	然	燈	佛	所	於	法	有
올 래	옛 석	있을 재	그러할 연	등불 등	부처 불	자리 소	어조사 어	법 법	있을 유

所	得	不	不	也	世	尊	如	來	在
바 소	얻을 득	아닐 부	아니 불	어조사 야	세상 세	높을 존	같을 여	올 래	있을 재

然	燈	佛	所	於	法	實	無	所	得
그러할 연	들불 등	부처 불	자리 소	어조사 어	법 법	참될 실	없을 무	바 소	얻을 득
然	燈	佛	所	於	法	實	無	所	得

須	菩	提	於	意	云	何	菩	薩	莊
모름지기 수	보리 보	보리수 리	어조사 어	뜻 의	이를 운	어찌 하	보리 보	보살 살	풀성할 장
須	菩	提	於	意	云	何	菩	薩	莊

嚴	佛	土	不	不	也	世	尊	何	以
엄할 엄	부처 불	흙 토	아닐 부	아니 불	어조사 야	세상 세	높을 존	어찌 하	써 이
嚴	佛	土	不	不	也	世	尊	何	以

故	莊	嚴	佛	土	者	則	非	莊	嚴
연고 **고**	풀성할 **장**	엄할 **엄**	부처 **불**	흙 **토**	것 **자**	곧 **즉**	아닐 **비**	풀성할 **장**	엄할 **엄**
故	莊	嚴	佛	土	者	則	非	莊	嚴

是	名	莊	嚴	是	故	須	菩	提	諸
이 **시**	이름 **명**	풀성할 **장**	엄할 **엄**	이 **시**	연고 **고**	모름지기 **수**	보리 **보**	보리수리 **리**	모두 **제**
是	名	莊	嚴	是	故	須	菩	提	諸

菩	薩	摩	訶	薩	應	如	是	生	淸
보리 **보**	보살 **살**	문지를 **마**	꾸짖을 **가(하)**	보살 **살**	응당 **응**	같을 **여**	이 **시**	날 **생**	맑을 **청**
菩	薩	摩	訶	薩	應	如	是	生	淸

淨	心	不	應	住	色	生	心	不	應
깨끗할 정	마음 심	아니 불	응당 응	머무를 주	빛 색	날 생	마음 심	아니 불	응당 응

住	聲	香	味	觸	法	生	心	應	無
머무를 주	소리 성	향기 향	맛 미	닿을 촉	법 법	날 생	마음 심	응당 응	없을 무

所	住	而	生	其	心	須	菩	提	譬
바 소	머무를 주	말이을 이	날 생	그 기	마음 심	모름지기 수	보리 보	보리수 리	비유할 비

如	有	人	身	如	須	彌	山	王	於
만약 여	있을 유	사람 인	몸 신	같을 여	모름지기 수	두루 미	뫼 산	임금 왕	어조사 어
如	有	人	身	如	須	彌	山	王	於

意	云	何	是	身	爲	大	不	須	菩
뜻 의	이를 운	어찌 하	이 시	몸 신	할 위	큰 대	아닐 부	모름지기 수	보리 보
意	云	何	是	身	爲	大	不	須	菩

提	言	甚	大	世	尊	何	以	故	佛
보리수 리	말씀 언	심할 심	큰 대	세상 세	높을 존	어찌 하	써 이	연고 고	부처 불
提	言	甚	大	世	尊	何	以	故	佛

說	非	身	是	名	大	身
말씀 설	아닐 비	몸 신	이 시	이름 명	큰 대	몸 신
說	非	身	是	名	大	身

11 無爲福勝分 第十一

須	菩	提	如	恒	河	中	所	有	沙
모름지기 수	보리 보	보리수 리	같을 여	항상 항	물 하	가운데 중	바 소	있을 유	모래 사
須	菩	提	如	恒	河	中	所	有	沙

數	如	是	沙	等	恒	河	於	意	云
셀 수	같을 여	이 시	모래 사	무리 등	항상 항	물 하	어조사 어	뜻 의	이를 운
數	如	是	沙	等	恒	河	於	意	云

何	是	諸	恒	河	沙	寧	爲	多	不
어찌 **하**	이 **시**	모두 **제**	항상 **항**	물 **하**	모래 **사**	어찌 **영**	할 **위**	많을 **다**	아닐 **부**
何	是	諸	恒	河	沙	寧	爲	多	不

須	菩	提	言	甚	多	世	尊	但	諸
모름지기 **수**	보리 **보**	보리수 **리**	말씀 **언**	심할 **심**	많을 **다**	세상 **세**	높을 **존**	다만 **단**	모두 **제**
須	菩	提	言	甚	多	世	尊	但	諸

恒	河	尚	多	無	數	何	況	其	沙
항상 **항**	물 **하**	오히려 **상**	많을 **다**	없을 **무**	셀 **수**	어찌 **하**	하물며 **황**	그 **기**	모래 **사**
恒	河	尚	多	無	數	何	況	其	沙

須	菩	提	我	今	實	言	告	汝	若
모름지기 수	보리 보	보리수리 리	나 아	이제 금	참될 실	말씀 언	알릴 고	너 여	만약 약

有	善	男	子	善	女	人	以	七	寶
있을 유	착할 선	사내 남	아들 자	착할 선	여자 여	사람 인	써 이	일곱 칠	보배 보

滿	爾	所	恒	河	沙	數	三	千	大
찰 만	그 이	자리 소	항상 항	물 하	모래 사	셀 수	석 삼	일천 천	큰 대

千	世	界	以	用	布	施	得	福	多
일천 천	세상 세	경계 계	써 이	쓸 용	베풀 포(보)	베풀 시	얻을 득	복 복	많을 다
千	世	界	以	用	布	施	得	福	多

不	須	菩	提	言	甚	多	世	尊	佛
아닐 부	모름지기 수	보리 보	보리수 리	말씀 언	심할 심	많을 다	세상 세	높을 존	부처 불
不	須	菩	提	言	甚	多	世	尊	佛

告	須	菩	提	若	善	男	子	善	女
고할 고	모름지기 수	보리 보	보리수 리	만약 약	착할 선	사내 남	아들 자	착할 선	여자 여
告	須	菩	提	若	善	男	子	善	女

人	於	此	經	中	乃	至	受	持	四
사람 **인**	어조사 **어**	이 **차**	경전 **경**	가운데 **중**	이에 **내**	이를 **지**	받을 **수**	가질 **지**	넉 **사**
人	於	此	經	中	乃	至	受	持	四

句	偈	等	爲	他	人	說	而	此	福
글귀 **구**	노래 **게**	무리 **등**	위할 **위**	다를 **타**	사람 **인**	말씀 **설**	말이을 **이**	이 **차**	복 **복**
句	偈	等	爲	他	人	說	而	此	福

德	勝	前	福	德
덕 **덕**	뛰어날 **승**	앞 **전**	복 **복**	덕 **덕**
德	勝	前	福	德

復	次	須	菩	提	隨	說	是	經	乃
다시 부	다음 차	모름지기 수	보리 보	보리수 리	따를 수	말씀 설	이 시	경전 경	이에 내
復	次	須	菩	提	隨	說	是	經	乃

至	四	句	偈	等	當	知	此	處	一
이를 지	넉 사	글귀 구	노래 게	무리 등	마땅할 당	알 지	이 차	곳 처	한 일
至	四	句	偈	等	當	知	此	處	一

切	世	間	天	人	阿	修	羅	皆	應
모두 체	세상 세	사이 간	하늘 천	사람 인	언덕 아	닦을 수	그물 라	다 개	응당 응
切	世	間	天	人	阿	修	羅	皆	應

供	養	如	佛	塔	廟	何	況	有	人
이바지할 **공**	기를 **양**	같을 **여**	부처 **불**	탑 **탑**	사당 **묘**	어찌 **하**	하물며 **황**	있을 **유**	사람 **인**
供	養	如	佛	塔	廟	何	況	有	人

盡	能	受	持	讀	誦	須	菩	提	當
다할 **진**	능할 **능**	받을 **수**	가질 **지**	읽을 **독**	욀 **송**	모름지기 **수**	보리 **보**	보리수 **리**	마땅할 **당**
盡	能	受	持	讀	誦	須	菩	提	當

知	是	人	成	就	最	上	第	一	希
알 **지**	이 **시**	사람 **인**	이룰 **성**	이룰 **취**	가장 **최**	위 **상**	차례 **제**	한 **일**	드물 **희**
知	是	人	成	就	最	上	第	一	希

有	之	法	若	是	經	典	所	在	之
있을 유	어조사 지	법 법	만약 약	이 시	경전 경	법전 전	자리 소	있을 재	어조사 지
有	之	法	若	是	經	典	所	在	之

處	則	爲	有	佛	若	尊	重	弟	子
곳 처	곧 즉	될 위	있을 유	부처 불	및 약	높을 존	무거울 중	아우 제	아들 자
處	則	爲	有	佛	若	尊	重	弟	子

13 如法受持分 第十三

爾	時	須	菩	提	白	佛	言	世	尊
그 이	때 시	모름지기 수	보리 보	보리수 리	아뢸 백	부처 불	말씀 언	세상 세	높을 존
爾	時	須	菩	提	白	佛	言	世	尊

當	何	名	此	經	我	等	云	何	奉
마땅할 **당**	어찌 **하**	이름 **명**	이 **차**	경전 **경**	나 **아**	무리 **등**	이를 **운**	어찌 **하**	받들 **봉**
當	何	名	此	經	我	等	云	何	奉

持	佛	告	須	菩	提	是	經	名	爲
가질 **지**	부처 **불**	고할 **고**	모름지기 **수**	보리 **보**	보리수 **리**	이 **시**	경전 **경**	이름 **명**	할 **위**
持	佛	告	須	菩	提	是	經	名	爲

金	剛	般	若	波	羅	蜜	以	是	名
쇠 **금**	굳셀 **강**	반야 **반**	반야 **야**	물결 **파(바)**	그물 **라**	꿀 **밀**	써 **이**	이 **시**	이름 **명**
金	剛	般	若	波	羅	蜜	以	是	名

字	汝	當	奉	持	所	以	者	何	須
글자 **자**	너 **여**	마땅할 **당**	받들 **봉**	가질 **지**	바 **소**	써 **이**	것 **자**	어찌 **하**	모름지기 **수**

菩	提	佛	說	般	若	波	羅	蜜	則
보리 **보**	보리수 **리**	부처 **불**	말씀 **설**	반야 **반**	반야 **야**	물결 **파(바)**	그물 **라**	꿀 **밀**	곧 **즉**

非	般	若	波	羅	蜜	是	名	般	若
아닐 **비**	반야 **반**	반야 **야**	물결 **파(바)**	그물 **라**	꿀 **밀**	이 **시**	이름 **명**	반야 **반**	반야 **야**

波	羅	蜜	須	菩	提	於	意	云	何
물결 파(바)	그물 라	꿀 밀	모름지기 수	보리 보	보리수 리	어조사 어	뜻 의	이를 운	어찌 하
波	羅	蜜	須	菩	提	於	意	云	何

如	來	有	所	說	法	不	須	菩	提
같을 여	올 래	있을 유	바 소	말씀 설	법 법	아닐 부	모름지기 수	보리 보	보리수 리
如	來	有	所	說	法	不	須	菩	提

白	佛	言	世	尊	如	來	無	所	說
아뢸 백	부처 불	말씀 언	세상 세	높을 존	같을 여	올 래	없을 무	바 소	말씀 설
白	佛	言	世	尊	如	來	無	所	說

須	菩	提	於	意	云	何	三	千	大
모름지기 **수**	보리 **보**	보리수 **리**	어조사 **어**	뜻 **의**	이를 **운**	어찌 **하**	석 **삼**	일천 **천**	큰 **대**
須	菩	提	於	意	云	何	三	千	大

千	世	界	所	有	微	塵	是	爲	多
일천 **천**	세상 **세**	경계 **계**	바 **소**	있을 **유**	작을 **미**	티끌 **진**	이 **시**	할 **위**	많을 **다**
千	世	界	所	有	微	塵	是	爲	多

不	須	菩	提	言	甚	多	世	尊	須
아닐 **부**	모름지기 **수**	보리 **보**	보리수 **리**	말씀 **언**	심할 **심**	많을 **다**	세상 **세**	높을 **존**	모름지기 **수**
不	須	菩	提	言	甚	多	世	尊	須

菩	提	諸	微	塵	如	來	說	非	微
보리 보	보리수 리	모두 제	작을 미	티끌 진	같을 여	올 래	말씀 설	아닐 비	작을 미

塵	是	名	微	塵	如	來	說	世	界
티끌 진	이 시	이름 명	작을 미	티끌 진	같을 여	올 래	말씀 설	세상 세	경계 계

非	世	界	是	名	世	界	須	菩	提
아닐 비	세상 세	경계 계	이 시	이름 명	세상 세	경계 계	모름지기 수	보리 보	보리수 리

於	意	云	何	可	以	三	十	二	相
어조사 어	뜻 의	이를 운	어찌 하	가히 가	써 이	석 삼	열 십	두 이	모양 상
於	意	云	何	可	以	三	十	二	相

見	如	來	不	不	也	世	尊	不	可
볼 견	같을 여	올 래	아닐 부	아니 불	어조사 야	세상 세	높을 존	아니 불	가히 가
見	如	來	不	不	也	世	尊	不	可

以	三	十	二	相	得	見	如	來	何
써 이	석 삼	열 십	두 이	모양 상	얻을 득	볼 견	같을 여	올 래	어찌 하
以	三	十	二	相	得	見	如	來	何

以	故	如	來	說	三	十	二	相	卽
써 이	연고 고	같을 여	올 래	말씀 설	석 삼	열 십	두 이	모양 상	곧 즉
以	故	如	來	說	三	十	二	相	卽

是	非	相	是	名	三	十	二	相	須
이 시	아닐 비	모양 상	이 시	이름 명	석 삼	열 십	두 이	모양 상	모름지기 수
是	非	相	是	名	三	十	二	相	須

菩	提	若	有	善	男	子	善	女	人
보리 보	보리수 리	만약 약	있을 유	착할 선	사내 남	아들 자	착할 선	여자 여	사람 인
菩	提	若	有	善	男	子	善	女	人

以	恒	河	沙	等	身	命	布	施	若
써 이	항상 항	물 하	모래 사	같을 등	몸 신	목숨 명	베풀 포(보)	베풀 시	만약 약
以	恒	河	沙	等	身	命	布	施	若

復	有	人	於	此	經	中	乃	至	受
다시 부	있을 유	사람 인	어조사 어	이 차	경전 경	가운데 중	이에 내	이를 지	받을 수
復	有	人	於	此	經	中	乃	至	受

持	四	句	偈	等	爲	他	人	說	其
가질 지	넉 사	글귀 구	노래 게	무리 등	위할 위	다를 타	사람 인	말씀 설	그 기
持	四	句	偈	等	爲	他	人	說	其

福	甚	多
복 복	심할 심	많을 다
福	甚	多

爾	時	須	菩	提	聞	說	是	經	深
그 이	때 시	모름지기 수	보리 보	보리수 리	들을 문	말씀 설	이 시	경전 경	깊을 심
爾	時	須	菩	提	聞	說	是	經	深

解	義	趣	涕	淚	悲	泣	而	白	佛
알 해	옳을 의	뜻 취	눈물 체	눈물 루	슬플 비	울 읍	말이을 이	아뢸 백	부처 불
解	義	趣	涕	淚	悲	泣	而	白	佛

言	希	有	世	尊	佛	說	如	是	甚
말씀 언	드물 희	있을 유	세상 세	높을 존	부처 불	말씀 설	같을 여	이 시	심할 심
言	希	有	世	尊	佛	說	如	是	甚

深	經	典	我	從	昔	來	所	得	慧
깊을 심	경전 경	법 전	나 아	따를 종	옛 석	올 래	바 소	얻을 득	슬기로울 혜
深	經	典	我	從	昔	來	所	得	慧

眼	未	曾	得	聞	如	是	之	經	世
눈 안	아닐 미	일찍 증	얻을 득	들을 문	같을 여	이 시	어조사 지	경전 경	세상 세
眼	未	曾	得	聞	如	是	之	經	世

尊	若	復	有	人	得	聞	是	經	信
높을 존	만약 약	다시 부	있을 유	사람 인	얻을 득	들을 문	이 시	경전 경	믿을 신
尊	若	復	有	人	得	聞	是	經	信

心	淸	淨	則	生	實	相	當	知	是
마음 심	맑을 청	깨끗할 정	곧 즉	날 생	참될 실	모양 상	마땅할 당	알 지	이 시
心	淸	淨	則	生	實	相	當	知	是

人	成	就	第	一	希	有	功	德	世
사람 인	이룰 성	이룰 취	차례 제	한 일	드물 희	있을 유	공 공	덕 덕	세상 세
人	成	就	第	一	希	有	功	德	世

尊	是	實	相	者	則	是	非	相	是
높을 존	이 시	참될 실	모양 상	것 자	곧 즉	이 시	아닐 비	모양 상	이 시

故	如	來	說	名	實	相	世	尊	我
연고 고	같을 여	올 래	말씀 설	이름 명	참될 실	모양 상	세상 세	높을 존	나 아

今	得	聞	如	是	經	典	信	解	受
이제 금	얻을 득	들을 문	같을 여	이 시	경전 경	법 전	믿을 신	알 해	받을 수

持	不	足	爲	難	若	當	來	世	後
가질 지	아닐 부	족할 족	할 위	어려울 난	만약 약	마땅할 당	올 래	세상 세	뒤 후

五	百	歲	其	有	衆	生	得	聞	是
다섯 오	일백 백	해 세	그 기	있을 유	무리 중	날 생	얻을 득	들을 문	이 시

經	信	解	受	持	是	人	則	爲	第
경전 경	믿을 신	알 해	받을 수	가질 지	이 시	사람 인	곧 즉	될 위	차례 제

一	希	有	何	以	故	此	人	無	我
한 일	드물 희	있을 유	어찌 하	써 이	연고 고	이 차	사람 인	없을 무	나 아

相	人	相	衆	生	相	壽	者	相	所
모양 상	사람 인	모양 상	무리 중	날 생	모양 상	목숨 수	것 자	모양 상	바 소

以	者	何	我	相	卽	是	非	相	人
써 이	것 자	어찌 하	나 아	모양 상	곧 즉	이 시	아닐 비	모양 상	사람 인

相	衆	生	相	壽	者	相	卽	是	非
모양 상	무리 중	날 생	모양 상	목숨 수	것 자	모양 상	곧 즉	이 시	아닐 비

相	何	以	故	離	一	切	諸	相	則
모양 상	어찌 하	써 이	연고 고	떠날 이	한 일	모두 체	모두 제	모양 상	곧 즉

名	諸	佛	佛	告	須	菩	提	如	是
이름 명	모두 제	부처 불	부처 불	고할 고	모름지기 수	보리 보	보리수 리	같을 여	이 시

如	是	若	復	有	人	得	聞	是	經
같을 여	이 시	만약 약	다시 부	있을 유	사람 인	얻을 득	들을 문	이 시	경전 경
如	是	若	復	有	人	得	聞	是	經

不	驚	不	怖	不	畏	當	知	是	人
아니 불	놀랄 경	아니 불	두려워할 포	아니 불	두려워할 외	마땅할 당	알 지	이 시	사람 인
不	驚	不	怖	不	畏	當	知	是	人

甚	爲	希	有	何	以	故	須	菩	提
심할 심	될 위	드물 희	있을 유	어찌 하	써 이	연고 고	모름지기 수	보리 보	보리수 리
甚	爲	希	有	何	以	故	須	菩	提

如	來	說	第	一	波	羅	蜜	非	第
같을 여	올 래	말씀 설	차례 제	한 일	물결 파(바)	그물 라	꿀 밀	아닐 비	차례 제
如	來	說	第	一	波	羅	蜜	非	第

一	波	羅	蜜	是	名	第	一	波	羅
한 일	물결 파(바)	그물 라	꿀 밀	이 시	이름 명	차례 제	한 일	물결 파(바)	그물 라
一	波	羅	蜜	是	名	第	一	波	羅

蜜	須	菩	提	忍	辱	波	羅	蜜	如
꿀 밀	모름지기 수	보리 보	보리수 리	참을 인	욕될 욕	물결 파(바)	그물 라	꿀 밀	같을 여
蜜	須	菩	提	忍	辱	波	羅	蜜	如

來	說	非	忍	辱	波	羅	蜜	何	以
올 래	말씀 설	아닐 비	참을 인	욕될 욕	물결 파(바)	그물 라	꿀 밀	어찌 하	써 이
來	說	非	忍	辱	波	羅	蜜	何	以

故	須	菩	提	如	我	昔	爲	歌	利
연고 고	모름지기 수	보리 보	보리수 리	같을 여	나 아	옛 석	할 위	노래 가	이로울 리
故	須	菩	提	如	我	昔	爲	歌	利

王	割	截	身	體	我	於	爾	時	無
임금 왕	벨 할	끊을 절	몸 신	몸 체	나 아	어조사 어	그 이	때 시	없을 무
王	割	截	身	體	我	於	爾	時	無

我	相	無	人	相	無	衆	生	相	無
나 아	모양 상	없을 무	사람 인	모양 상	없을 무	무리 중	날 생	모양 상	없을 무
我	相	無	人	相	無	衆	生	相	無

壽	者	相	何	以	故	我	於	往	昔
목숨 수	것 자	모양 상	어찌 하	써 이	연고 고	나 아	어조사 어	갈 왕	옛 석
壽	者	相	何	以	故	我	於	往	昔

節	節	支	解	時	若	有	我	相	人
마디 절	마디 절	가지 지	가를 해	때 시	만약 약	있을 유	나 아	모양 상	사람 인
節	節	支	解	時	若	有	我	相	人

相	衆	生	相	壽	者	相	應	生	瞋
모양 상	무리 중	날 생	모양 상	목숨 수	것 자	모양 상	응당 응	날 생	성낼 진
相	衆	生	相	壽	者	相	應	生	瞋

恨	須	菩	提	又	念	過	去	於	五
한할 한	모름지기 수	보리 보	보리수 리	또 우	생각 념	지날 과	갈 거	어조사 어	다섯 오
恨	須	菩	提	又	念	過	去	於	五

百	世	作	忍	辱	仙	人	於	爾	所
일백 백	해 세	지을 작	참을 인	욕될 욕	신선 선	사람 인	어조사 어	그 이	자리 소
百	世	作	忍	辱	仙	人	於	爾	所

世	無	我	相	無	人	相	無	衆	生
세상 세	없을 무	나 아	모양 상	없을 무	사람 인	모양 상	없을 무	무리 중	날 생
世	無	我	相	無	人	相	無	衆	生

相	無	壽	者	相	是	故	須	菩	提
모양 상	없을 무	목숨 수	것 자	모양 상	이 시	연고 고	모름지기 수	보리 보	보리수 리
相	無	壽	者	相	是	故	須	菩	提

菩	薩	應	離	一	切	相	發	阿	耨
보리 보	보살 살	응당 응	떠날 리	한 일	모두 체	모양 상	일어날 발	언덕 아	김맬 누
菩	薩	應	離	一	切	相	發	阿	耨

多	羅	三	藐	三	菩	提	心	不	應
많을 **다**	그물 **라**	석 **삼**	아득할 **막(먁)**	석 **삼**	보리 **보**	보리수 **리**	마음 **심**	아니 **불**	응당 **응**
多	羅	三	藐	三	菩	提	心	不	應

住	色	生	心	不	應	住	聲	香	味
머무를 **주**	빛 **색**	날 **생**	마음 **심**	아니 **불**	응당 **응**	머무를 **주**	소리 **성**	향기 **향**	맛 **미**
住	色	生	心	不	應	住	聲	香	味

觸	法	生	心	應	生	無	所	住	心
닿을 **촉**	법 **법**	날 **생**	마음 **심**	응당 **응**	날 **생**	없을 **무**	바 **소**	머무를 **주**	마음 **심**
觸	法	生	心	應	生	無	所	住	心

若	心	有	住	則	爲	非	住	是	故
만약 **약**	마음 **심**	있을 **유**	머무를 **주**	곧 **즉**	될 **위**	아닐 **비**	머무를 **주**	이 **시**	연고 **고**
若	心	有	住	則	爲	非	住	是	故

佛	說	菩	薩	心	不	應	住	色	布
부처 **불**	말씀 **설**	보리 **보**	보살 **살**	마음 **심**	아니 **불**	응당 **응**	머무를 **주**	빛 **색**	베풀 **포(보)**
佛	說	菩	薩	心	不	應	住	色	布

施	須	菩	提	菩	薩	爲	利	益	一
베풀 **시**	모름지기 **수**	보리 **보**	보리수 **리**	보리 **보**	보살 **살**	위할 **위**	이로울 **이**	더할 **익**	한 **일**
施	須	菩	提	菩	薩	爲	利	益	一

切	衆	生	應	如	是	布	施	如	來
모두 체	무리 중	날 생	응당 응	같을 여	이 시	베풀 포(보)	베풀 시	같을 여	올 래
切	衆	生	應	如	是	布	施	如	來

說	一	切	諸	相	卽	是	非	相	又
말씀 설	한 일	모두 체	모두 제	모양 상	곧 즉	이 시	아닐 비	모양 상	또 우
說	一	切	諸	相	卽	是	非	相	又

說	一	切	衆	生	則	非	衆	生	須
말씀 설	한 일	모두 체	무리 중	날 생	곧 즉	아닐 비	무리 중	날 생	모름지기 수
說	一	切	衆	生	則	非	衆	生	須

菩	提	如	來	是	眞	語	者	實	語
보리 **보**	보리수 **리**	같을 **여**	올 **래**	이 **시**	참 **진**	말씀 **어**	사람 **자**	참될 **실**	말씀 **어**
菩	提	如	來	是	眞	語	者	實	語

者	如	語	者	不	誑	語	者	不	異
사람 **자**	같을 **여**	말씀 **어**	사람 **자**	아니 **불**	속일 **광**	말씀 **어**	사람 **자**	아니 **불**	다를 **이**
者	如	語	者	不	誑	語	者	不	異

語	者	須	菩	提	如	來	所	得	法
말씀 **어**	사람 **자**	모름지기 **수**	보리 **보**	보리수 **리**	같을 **여**	올 **래**	바 **소**	얻을 **득**	법 **법**
語	者	須	菩	提	如	來	所	得	法

此	法	無	實	無	虛	須	菩	提	若
이 차	법 법	없을 무	참될 실	없을 무	빌 허	모름지기 수	보리 보	보리수 리	만약 약
此	法	無	實	無	虛	須	菩	提	若

菩	薩	心	住	於	法	而	行	布	施
보리 보	보살 살	마음 심	머무를 주	어조사 어	법 법	말이을 이	행할 행	베풀 포(보)	베풀 시
菩	薩	心	住	於	法	而	行	布	施

如	人	入	闇	則	無	所	見	若	菩
같을 여	사람 인	들 입	어두울 암	곧 즉	없을 무	바 소	볼 견	만약 약	보리 보
如	人	入	闇	則	無	所	見	若	菩

薩	心	不	住	法	而	行	布	施	如
보살 **살**	마음 **심**	아닐 **부**	머무를 **주**	법 **법**	말이을 **이**	행할 **행**	베풀 **포(보)**	베풀 **시**	같을 **여**
薩	心	不	住	法	而	行	布	施	如

人	有	目	日	光	明	照	見	種	種
사람 **인**	있을 **유**	눈 **목**	해 **일**	빛 **광**	밝을 **명**	비출 **조**	볼 **견**	종류 **종**	종류 **종**
人	有	目	日	光	明	照	見	種	種

色	須	菩	提	當	來	之	世	若	有
빛 **색**	모름지기 **수**	보리 **보**	보리수 **리**	당할 **당**	올 **래**	어조사 **지**	세상 **세**	만약 **약**	있을 **유**
色	須	菩	提	當	來	之	世	若	有

善	男	子	善	女	人	能	於	此	經
착할 선	사내 남	아들 자	착할 선	여자 여	사람 인	능할 능	어조사 어	이 차	경전 경
善	男	子	善	女	人	能	於	此	經

受	持	讀	誦	則	爲	如	來	以	佛
받을 수	가질 지	읽을 독	욀 송	곧 즉	될 위	같을 여	올 래	써 이	부처 불
受	持	讀	誦	則	爲	如	來	以	佛

智	慧	悉	知	是	人	悉	見	是	人
슬기 지	슬기로울 혜	다 실	알 지	이 시	사람 인	다 실	볼 견	이 시	사람 인
智	慧	悉	知	是	人	悉	見	是	人

皆	得	成	就	無	量	無	邊	功	德
다 개	얻을 득	이룰 성	이룰 취	없을 무	헤아릴 량	없을 무	가 변	공 공	덕 덕
皆	得	成	就	無	量	無	邊	功	德

須	菩	提	若	有	善	男	子	善	女
모름지기 수	보리 보	보리수 리	만약 약	있을 유	착할 선	사내 남	아들 자	착할 선	여자 여
須	菩	提	若	有	善	男	子	善	女

人	初	日	分	以	恒	河	沙	等	身
사람 인	처음 초	날 일	나눌 분	써 이	항상 항	물 하	모래 사	같을 등	몸 신
人	初	日	分	以	恒	河	沙	等	身

布	施	中	日	分	復	以	恒	河	沙
베풀 포(보)	베풀 시	가운데 중	날 일	나눌 분	다시 부	써 이	항상 항	물 하	모래 사
布	施	中	日	分	復	以	恒	河	沙

等	身	布	施	後	日	分	亦	以	恒
같을 등	몸 신	베풀 포(보)	베풀 시	뒤 후	날 일	나눌 분	또 역	써 이	항상 항
等	身	布	施	後	日	分	亦	以	恒

河	沙	等	身	布	施	如	是	無	量
물 하	모래 사	같을 등	몸 신	베풀 포(보)	베풀 시	같을 여	이 시	없을 무	헤아릴 량
河	沙	等	身	布	施	如	是	無	量

百	千	萬	億	劫	以	身	布	施	若
일백 **백**	일천 **천**	일만 **만**	억 **억**	겁 **겁**	써 **이**	몸 **신**	베풀 **포(보)**	베풀 **시**	만약 **약**
百	千	萬	億	劫	以	身	布	施	若

復	有	人	聞	此	經	典	信	心	不
다시 **부**	있을 **유**	사람 **인**	들을 **문**	이 **차**	경전 **경**	법 **전**	믿을 **신**	마음 **심**	아니 **불**
復	有	人	聞	此	經	典	信	心	不

逆	其	福	勝	彼	何	況	書	寫	受
거스를 **역**	그 **기**	복 **복**	뛰어날 **승**	저 **피**	어찌 **하**	하물며 **황**	쓸 **서**	베낄 **사**	받을 **수**
逆	其	福	勝	彼	何	況	書	寫	受

持	讀	誦	爲	人	解	說	須	菩	提
가질 지	읽을 독	욀 송	위할 위	사람 인	알 해	말씀 설	모름지기 수	보리 보	보리수 리
持	讀	誦	爲	人	解	說	須	菩	提

以	要	言	之	是	經	有	不	可	思
써 이	요지 요	말씀 언	어조사 지	이 시	경전 경	있을 유	아니 불	가히 가	생각 사
以	要	言	之	是	經	有	不	可	思

議	不	可	稱	量	無	邊	功	德	如
의논할 의	아니 불	가히 가	일컬을 칭	헤아릴 량	없을 무	가 변	공 공	덕 덕	같을 여
議	不	可	稱	量	無	邊	功	德	如

來	爲	發	大	乘	者	說	爲	發	最
올 래	위할 위	일어날 발	큰 대	탈 승	사람 자	말씀 설	위할 위	일어날 발	가장 최

上	乘	者	說	若	有	人	能	受	持
위 상	탈 승	사람 자	말씀 설	만약 약	있을 유	사람 인	능할 능	받을 수	가질 지

讀	誦	廣	爲	人	說	如	來	悉	知
읽을 독	욀 송	넓을 광	위할 위	사람 인	말씀 설	같을 여	올 래	다 실	알 지

是	人	悉	見	是	人	皆	得	成	就
이 시	사람 인	다 실	볼 견	이 시	사람 인	다 개	얻을 득	이룰 성	이룰 취
是	人	悉	見	是	人	皆	得	成	就

不	可	量	不	可	稱	無	有	邊	不
아니 불	가히 가	헤아릴 량	아니 불	가히 가	일컬을 칭	없을 무	있을 유	가 변	아니 불
不	可	量	不	可	稱	無	有	邊	不

可	思	議	功	德	如	是	人	等	則
가히 가	생각 사	의논할 의	공 공	덕 덕	같을 여	이 시	사람 인	무리 등	곧 즉
可	思	議	功	德	如	是	人	等	則

爲	荷	擔	如	來	阿	耨	多	羅	三
될 위	짊어질 하	멜 담	같을 여	올 래	언덕 아	김맬 누	많을 다	그물 라	석 삼

藐	三	菩	提	何	以	故	須	菩	提
아득할 막(먁)	석 삼	보리 보	보리수 리	어찌 하	써 이	연고 고	모름지기 수	보리 보	보리수 리

若	樂	小	法	者	着	我	見	人	見
만약 약	좋아할 요	작을 소	법 법	사람 자	붙을 착	나 아	볼 견	사람 인	볼 견

衆	生	見	壽	者	見	則	於	此	經
무리 **중**	날 **생**	볼 **견**	목숨 **수**	것 **자**	볼 **견**	곧 **즉**	어조사 **어**	이 **차**	경전 **경**
衆	生	見	壽	者	見	則	於	此	經

不	能	聽	受	讀	誦	爲	人	解	說
아니 **불**	능할 **능**	들을 **청**	받을 **수**	읽을 **독**	욀 **송**	위할 **위**	사람 **인**	알 **해**	말씀 **설**
不	能	聽	受	讀	誦	爲	人	解	說

須	菩	提	在	在	處	處	若	有	此
모름지기 **수**	보리 **보**	보리수 **리**	있을 **재**	있을 **재**	곳 **처**	곳 **처**	만약 **약**	있을 **유**	이 **차**
須	菩	提	在	在	處	處	若	有	此

經	一	切	世	間	天	人	阿	修	羅
경전 경	한 일	모두 체	세상 세	사이 간	하늘 천	사람 인	언덕 아	닦을 수	그물 라
經	一	切	世	間	天	人	阿	修	羅

所	應	供	養	當	知	此	處	則	爲
바 소	응당 응	이바지할 공	기를 양	마땅할 당	알 지	이 차	곳 처	곧 즉	될 위
所	應	供	養	當	知	此	處	則	爲

是	塔	皆	應	恭	敬	作	禮	圍	繞
이 시	탑 탑	다 개	응당 응	공손할 공	공경할 경	지을 작	예도 례	둘레 위	두를 요
是	塔	皆	應	恭	敬	作	禮	圍	繞

以	諸	華	香	而	散	其	處
써 이	모두 제	꽃 화	향기 향	말이을 이	흩을 산	그 기	곳 처
以	諸	華	香	而	散	其	處

16 能淨業障分 第十六

復	次	須	菩	提	善	男	子	善	女
다시 부	다음 차	모름지기 수	보리 보	보리수 리	착할 선	사내 남	아들 자	착할 선	여자 여
復	次	須	菩	提	善	男	子	善	女

人	受	持	讀	誦	此	經	若	爲	人
사람 인	받을 수	가질 지	읽을 독	욀 송	이 차	경전 경	만약 약	될 위	사람 인
人	受	持	讀	誦	此	經	若	爲	人

輕	賤	是	人	先	世	罪	業	應	墮
가벼울 경	천할 천	이 시	사람 인	먼저 선	세상 세	허물 죄	업 업	응당 응	떨어질 타

惡	道	以	今	世	人	輕	賤	故	先
악할 악	길 도	써 이	이제 금	세상 세	사람 인	가벼울 경	천할 천	연고 고	먼저 선

世	罪	業	則	爲	消	滅	當	得	阿
세상 세	허물 죄	업 업	곧 즉	될 위	사라질 소	다할 멸	마땅할 당	얻을 득	언덕 아

耨	多	羅	三	藐	三	菩	提	須	菩
김맬 **누**	많을 **다**	그물 **라**	석 **삼**	아득할 **막(먁)**	석 **삼**	보리 **보**	보리수 **리**	모름지기 **수**	보리 **보**

提	我	念	過	去	無	量	阿	僧	祇
보리수 **리**	나 **아**	생각 **념**	지날 **과**	갈 **거**	없을 **무**	헤아릴 **량**	언덕 **아**	승려 **승**	클 **기**

劫	於	然	燈	佛	前	得	値	八	百
겁 **겁**	어조사 **어**	그러할 **연**	등불 **등**	부처 **불**	앞 **전**	얻을 **득**	만날 **치**	여덟 **팔**	일백 **백**

四	千	萬	億	那	由	他	諸	佛	悉
넉 사	일천 천	일만 만	억 억	어찌 나	말미암을 유	다를 타	모두 제	부처 불	다 실

皆	供	養	承	事	無	空	過	者	若
다 개	이바지할 공	기를 양	받들 승	섬길 사	없을 무	빌 공	지날 과	사람 자	만약 약

復	有	人	於	後	末	世	能	受	持
다시 부	있을 유	사람 인	어조사 어	뒤 후	끝 말	세상 세	능할 능	받을 수	가질 지

讀	誦	此	經	所	得	功	德	於	我
읽을 **독**	욀 **송**	이 **차**	경전 **경**	바 **소**	얻을 **득**	공 **공**	덕 **덕**	어조사 **어**	나 **아**
讀	誦	此	經	所	得	功	德	於	我

所	供	養	諸	佛	功	德	百	分	不
바 **소**	이바지할 **공**	기를 **양**	모두 **제**	부처 **불**	공 **공**	덕 **덕**	일백 **백**	나눌 **분**	아니 **불**
所	供	養	諸	佛	功	德	百	分	不

及	一	千	萬	億	分	乃	至	算	數
미칠 **급**	한 **일**	일천 **천**	일만 **만**	억 **억**	나눌 **분**	이에 **내**	이를 **지**	셀 **산**	셀 **수**
及	一	千	萬	億	分	乃	至	算	數

譬	喻	所	不	能	及	須	菩	提	若
비유할 **비**	깨우칠 **유**	바 **소**	아니 **불**	능할 **능**	미칠 **급**	모름지기 **수**	보리 **보**	보리수 **리**	만약 **약**
譬	喻	所	不	能	及	須	菩	提	若

善	男	子	善	女	人	於	後	末	世
착할 **선**	사내 **남**	아들 **자**	착할 **선**	여자 **여**	사람 **인**	어조사 **어**	뒤 **후**	끝 **말**	세상 **세**
善	男	子	善	女	人	於	後	末	世

有	受	持	讀	誦	此	經	所	得	功
있을 **유**	받을 **수**	가질 **지**	읽을 **독**	욀 **송**	이 **차**	경전 **경**	바 **소**	얻을 **득**	공 **공**
有	受	持	讀	誦	此	經	所	得	功

德	我	若	具	說	者	或	有	人	聞
덕 덕	나 아	만약 약	갖출 구	말씀 설	것 자	혹 혹	있을 유	사람 인	들을 문
德	我	若	具	說	者	或	有	人	聞

心	則	狂	亂	狐	疑	不	信	須	菩
마음 심	곧 즉	미칠 광	어지러울 란	여우 호	의심할 의	아니 불	믿을 신	모름지기 수	보리 보
心	則	狂	亂	狐	疑	不	信	須	菩

提	當	知	是	經	義	不	可	思	議
보리수 리	마땅할 당	알 지	이 시	경전 경	뜻 의	아니 불	가히 가	생각 사	의논할 의
提	當	知	是	經	義	不	可	思	議

果	報	亦	不	可	思	議
열매 과	갚을 보	또 역	아니 불	가히 가	생각 사	의논할 의
果	報	亦	不	可	思	議

爾	時	須	菩	提	白	佛	言	世	尊
그 이	때 시	모름지기 수	보리 보	보리수 리	아뢸 백	부처 불	말씀 언	세상 세	높을 존
爾	時	須	菩	提	白	佛	言	世	尊

善	男	子	善	女	人	發	阿	耨	多
착할 선	사내 남	아들 자	착할 선	여자 여	사람 인	일어날 발	언덕 아	김맬 누	많을 다
善	男	子	善	女	人	發	阿	耨	多

羅	三	藐	三	菩	提	心	云	何	應
그물 **라**	석 **삼**	아득할 **막(먁)**	석 **삼**	보리 **보**	보리수 **리**	마음 **심**	이를 **운**	어찌 **하**	응당 **응**
羅	三	藐	三	菩	提	心	云	何	應

住	云	何	降	伏	其	心	佛	告	須
머무를 **주**	이를 **운**	어찌 **하**	항복할 **항**	엎드릴 **복**	그 **기**	마음 **심**	부처 **불**	고할 **고**	모름지기 **수**
住	云	何	降	伏	其	心	佛	告	須

菩	提	善	男	子	善	女	人	發	阿
보리 **보**	보리수 **리**	착할 **선**	사내 **남**	아들 **자**	착할 **선**	여자 **여**	사람 **인**	일어날 **발**	언덕 **아**
菩	提	善	男	子	善	女	人	發	阿

耨	多	羅	三	藐	三	菩	提	者	當
김맬 누	많을 다	그물 라	석 삼	아득할 막(먁)	석 삼	보리 보	보리수 리	사람 자	마땅할 당
耨	多	羅	三	藐	三	菩	提	者	當

生	如	是	心	我	應	滅	度	一	切
날 생	같을 여	이 시	마음 심	나 아	응당 응	다할 멸	건널 도	한 일	모두 체
生	如	是	心	我	應	滅	度	一	切

衆	生	滅	度	一	切	衆	生	已	而
무리 중	날 생	다할 멸	건널 도	한 일	모두 체	무리 중	날 생	마칠 이	말이을 이
衆	生	滅	度	一	切	衆	生	已	而

無	有	一	衆	生	實	滅	度	者	何
없을 **무**	있을 **유**	한 **일**	무리 **중**	날 **생**	참될 **실**	다할 **멸**	건널 **도**	사람 **자**	어찌 **하**
無	有	一	衆	生	實	滅	度	者	何

以	故	須	菩	提	若	菩	薩	有	我
써 **이**	연고 **고**	모름지기 **수**	보리 **보**	보리수 **리**	만약 **약**	보리 **보**	보살 **살**	있을 **유**	나 **아**
以	故	須	菩	提	若	菩	薩	有	我

相	人	相	衆	生	相	壽	者	相	則
모양 **상**	사람 **인**	모양 **상**	무리 **중**	날 **생**	모양 **상**	목숨 **수**	것 **자**	모양 **상**	곧 **즉**
相	人	相	衆	生	相	壽	者	相	則

非	菩	薩	所	以	者	何	須	菩	提
아닐 **비**	보리 **보**	보살 **살**	바 **소**	써 **이**	것 **자**	어찌 **하**	모름지기 **수**	보리 **보**	보리수 **리**

實	無	有	法	發	阿	耨	多	羅	三
참될 **실**	없을 **무**	있을 **유**	법 **법**	일어날 **발**	언덕 **아**	김맬 **누**	많을 **다**	그물 **라**	석 **삼**

藐	三	菩	提	者	須	菩	提	於	意
아득할 **막(먁)**	석 **삼**	보리 **보**	보리수 **리**	것 **자**	모름지기 **수**	보리 **보**	보리수 **리**	어조사 **어**	뜻 **의**

云	何	如	來	於	然	燈	佛	所	有
이를 운	어찌 하	같을 여	올 래	어조사 어	그러할 연	등불 등	부처 불	자리 소	있을 유
云	何	如	來	於	然	燈	佛	所	有

法	得	阿	耨	多	羅	三	藐	三	菩
법 법	얻을 득	언덕 아	김맬 누	많을 다	그물 라	석 삼	아득할 막(먁)	석 삼	보리 보
法	得	阿	耨	多	羅	三	藐	三	菩

提	不	不	也	世	尊	如	我	解	佛
보리수 리	아닐 부	아니 불	어조사 야	세상 세	높을 존	같을 여	나 아	알 해	부처 불
提	不	不	也	世	尊	如	我	解	佛

所	說	義	佛	於	然	燈	佛	所	無
바 소	말씀 설	뜻 의	부처 불	어조사 어	그러할 연	등불 등	부처 불	자리 소	없을 무
所	說	義	佛	於	然	燈	佛	所	無

有	法	得	阿	耨	多	羅	三	藐	三
있을 유	법 법	얻을 득	언덕 아	김맬 누	많을 다	그물 라	석 삼	아득할 막(먁)	석 삼
有	法	得	阿	耨	多	羅	三	藐	三

菩	提	佛	言	如	是	如	是	須	菩
보리 보	보리수 리	부처 불	말씀 언	같을 여	이 시	같을 여	이 시	모름지기 수	보리 보
菩	提	佛	言	如	是	如	是	須	菩

提	實	無	有	法	如	來	得	阿	耨
보리수 리	참될 실	없을 무	있을 유	법 법	같을 여	올 래	얻을 득	언덕 아	김맬 누
提	實	無	有	法	如	來	得	阿	耨

多	羅	三	藐	三	菩	提	須	菩	提
많을 다	그물 라	석 삼	아득할 막(먁)	석 삼	보리 보	보리수 리	모름지기 수	보리 보	보리수 리
多	羅	三	藐	三	菩	提	須	菩	提

若	有	法	如	來	得	阿	耨	多	羅
만약 약	있을 유	법 법	같을 여	올 래	얻을 득	언덕 아	김맬 누	많을 다	그물 라
若	有	法	如	來	得	阿	耨	多	羅

三	藐	三	菩	提	者	然	燈	佛	則
석 삼	아득할 막(먁)	석 삼	보리 보	보리수 리	것 자	그러할 연	등불 등	부처 불	곧 즉
三	藐	三	菩	提	者	然	燈	佛	則

不	與	我	受	記	汝	於	來	世	當
아니 불	줄 여	나 아	받을 수	기록할 기	너 여	어조사 어	올 래	세상 세	마땅할 당
不	與	我	受	記	汝	於	來	世	當

得	作	佛	號	釋	迦	牟	尼	以	實
얻을 득	지을 작	부처 불	부를 호	풀 석	막을 가	소우는소리 모	중 니	써 이	참될 실
得	作	佛	號	釋	迦	牟	尼	以	實

無	有	法	得	阿	耨	多	羅	三	藐
없을 무	있을 유	법 법	얻을 득	언덕 아	김맬 누	많을 다	그물 라	석 삼	아득할 막(먁)
無	有	法	得	阿	耨	多	羅	三	藐

三	菩	提	是	故	然	燈	佛	與	我
석 삼	보리 보	보리수 리	이 시	연고 고	그러할 연	등불 등	부처 불	줄 여	나 아
三	菩	提	是	故	然	燈	佛	與	我

受	記	作	是	言	汝	於	來	世	當
받을 수	기록할 기	지을 작	이 시	말씀 언	너 여	어조사 어	올 래	세상 세	마땅할 당
受	記	作	是	言	汝	於	來	世	當

得	作	佛	號	釋	迦	牟	尼	何	以
얻을 득	지을 작	부처 불	부를 호	풀 석	막을 가	소우는소리 모	중 니	어찌 하	써 이
得	作	佛	號	釋	迦	牟	尼	何	以

故	如	來	者	卽	諸	法	如	義	若
연고 고	같을 여	올 래	것 자	곧 즉	모두 제	법 법	같을 여	뜻 의	만약 약
故	如	來	者	卽	諸	法	如	義	若

有	人	言	如	來	得	阿	耨	多	羅
있을 유	사람 인	말씀 언	같을 여	올 래	얻을 득	언덕 아	김맬 누	많을 다	그물 라
有	人	言	如	來	得	阿	耨	多	羅

三	藐	三	菩	提	須	菩	提	實	無
석 삼	아득할 막(먁)	석 삼	보리 보	보리수 리	모름지기 수	보리 보	보리수 리	참될 실	없을 무
三	藐	三	菩	提	須	菩	提	實	無

有	法	佛	得	阿	耨	多	羅	三	藐
있을 유	법 법	부처 불	얻을 득	언덕 아	김맬 누	많을 다	그물 라	석 삼	아득할 막(먁)
有	法	佛	得	阿	耨	多	羅	三	藐

三	菩	提	須	菩	提	如	來	所	得
석 삼	보리 보	보리수 리	모름지기 수	보리 보	보리수 리	같을 여	올 래	바 소	얻을 득
三	菩	提	須	菩	提	如	來	所	得

阿	耨	多	羅	三	藐	三	菩	提	於
언덕 아	김맬 누	많을 다	그물 라	석 삼	아득할 막(먁)	석 삼	보리 보	보리수 리	어조사 어
阿	耨	多	羅	三	藐	三	菩	提	於

是	中	無	實	無	虛	是	故	如	來
이 시	가운데 중	없을 무	참될 실	없을 무	빌 허	이 시	연고 고	같을 여	올 래
是	中	無	實	無	虛	是	故	如	來

說	一	切	法	皆	是	佛	法	須	菩
말씀 설	한 일	모두 체	법 법	다 개	이 시	부처 불	법 법	모름지기 수	보리 보
說	一	切	法	皆	是	佛	法	須	菩

提	所	言	一	切	法	者	卽	非	一
보리수 리	바 소	말씀 언	한 일	모두 체	법 법	것 자	곧 즉	아닐 비	한 일
提	所	言	一	切	法	者	卽	非	一

切	法	是	故	名	一	切	法	須	菩
모두 체	법 법	이 시	연고 고	이름 명	한 일	모두 체	법 법	모름지기 수	보리 보
切	法	是	故	名	一	切	法	須	菩

提	譬	如	人	身	長	大	須	菩	提
보리수 리	비유할 비	같을 여	사람 인	몸 신	긴 장	큰 대	모름지기 수	보리 보	보리수 리
提	譬	如	人	身	長	大	須	菩	提

言	世	尊	如	來	說	人	身	長	大
말씀 언	세상 세	높을 존	같을 여	올 래	말씀 설	사람 인	몸 신	긴 장	큰 대
言	世	尊	如	來	說	人	身	長	大

則	爲	非	大	身	是	名	大	身	須
곧 즉	될 위	아닐 비	큰 대	몸 신	이 시	이름 명	큰 대	몸 신	모름지기 수
則	爲	非	大	身	是	名	大	身	須

菩	提	菩	薩	亦	如	是	若	作	是
보리 보	보리수 리	보리 보	보살 살	또 역	같을 여	이 시	만약 약	지을 작	이 시
菩	提	菩	薩	亦	如	是	若	作	是

言	我	當	滅	度	無	量	衆	生	則
말씀 언	나 아	마땅할 당	다할 멸	건널 도	없을 무	헤아릴 량	무리 중	날 생	곧 즉
言	我	當	滅	度	無	量	衆	生	則

不	名	菩	薩	何	以	故	須	菩	提
아니 불	이름 명	보리 보	보살 살	어찌 하	써 이	연고 고	모름지기 수	보리 보	보리수 리
不	名	菩	薩	何	以	故	須	菩	提

實	無	有	法	名	爲	菩	薩	是	故
참될 실	없을 무	있을 유	법 법	이름 명	할 위	보리 보	보살 살	이 시	연고 고
實	無	有	法	名	爲	菩	薩	是	故

佛	說	一	切	法	無	我	無	人	無
부처 불	말씀 설	한 일	모두 체	법 법	없을 무	나 아	없을 무	사람 인	없을 무

衆	生	無	壽	者	須	菩	提	若	菩
무리 중	날 생	없을 무	목숨 수	것 자	모름지기 수	보리 보	보리수 리	만약 약	보리 보

薩	作	是	言	我	當	莊	嚴	佛	土
보살 살	지을 작	이 시	말씀 언	나 아	마땅할 당	풀성할 장	엄할 엄	부처 불	흙 토

是	不	名	菩	薩	何	以	故	如	來
이 **시**	아니 **불**	이름 **명**	보리 **보**	보살 **살**	어찌 **하**	써 **이**	연고 **고**	같을 **여**	올 **래**
是	不	名	菩	薩	何	以	故	如	來

說	莊	嚴	佛	土	者	即	非	莊	嚴
말씀 **설**	풀성할 **장**	엄할 **엄**	부처 **불**	흙 **토**	것 **자**	곧 **즉**	아닐 **비**	풀성할 **장**	엄할 **엄**
說	莊	嚴	佛	土	者	即	非	莊	嚴

是	名	莊	嚴	須	菩	提	若	菩	薩
이 **시**	이름 **명**	풀성할 **장**	엄할 **엄**	모름지기 **수**	보리 **보**	보리수 **리**	만약 **약**	보리 **보**	보살 **살**
是	名	莊	嚴	須	菩	提	若	菩	薩

通	達	無	我	法	者	如	來	說	名
통할 통	통달할 달	없을 무	나 아	법 법	사람 자	같을 여	올 래	말씀 설	이름 명
通	達	無	我	法	者	如	來	說	名

眞	是	菩	薩
참 진	이 시	보리 보	보살 살
眞	是	菩	薩

18 一體同觀分 第十八

須	菩	提	於	意	云	何	如	來	有
모름지기 수	보리 보	보리수 리	어조사 어	뜻 의	이를 운	어찌 하	같을 여	올 래	있을 유
須	菩	提	於	意	云	何	如	來	有

肉	眼	不	如	是	世	尊	如	來	有
고기 육	눈 안	아닐 부	같을 여	이 시	세상 세	높을 존	같을 여	올 래	있을 유
肉	眼	不	如	是	世	尊	如	來	有

肉	眼	須	菩	提	於	意	云	何	如
고기 육	눈 안	모름지기 수	보리 보	보리수 리	어조사 어	뜻 의	이를 운	어찌 하	같을 여
肉	眼	須	菩	提	於	意	云	何	如

來	有	天	眼	不	如	是	世	尊	如
올 래	있을 유	하늘 천	눈 안	아닐 부	같을 여	이 시	세상 세	높을 존	같을 여
來	有	天	眼	不	如	是	世	尊	如

來	有	天	眼	須	菩	提	於	意	云
올 래	있을 유	하늘 천	눈 안	모름지기 수	보리 보	보리수 리	어조사 어	뜻 의	이를 운
來	有	天	眼	須	菩	提	於	意	云

何	如	來	有	慧	眼	不	如	是	世
어찌 하	같을 여	올 래	있을 유	슬기로울 혜	눈 안	아닐 부	같을 여	이 시	세상 세
何	如	來	有	慧	眼	不	如	是	世

尊	如	來	有	慧	眼	須	菩	提	於
높을 존	같을 여	올 래	있을 유	슬기로울 혜	눈 안	모름지기 수	보리 보	보리수 리	어조사 어
尊	如	來	有	慧	眼	須	菩	提	於

意	云	何	如	來	有	法	眼	不	如
뜻 의	이를 운	어찌 하	같을 여	올 래	있을 유	법 법	눈 안	아닐 부	같을 여
意	云	何	如	來	有	法	眼	不	如

是	世	尊	如	來	有	法	眼	須	菩
이 시	세상 세	높을 존	같을 여	올 래	있을 유	법 법	눈 안	모름지기 수	보리 보
是	世	尊	如	來	有	法	眼	須	菩

提	於	意	云	何	如	來	有	佛	眼
보리수 리	어조사 어	뜻 의	이를 운	어찌 하	같을 여	올 래	있을 유	부처 불	눈 안
提	於	意	云	何	如	來	有	佛	眼

不	如	是	世	尊	如	來	有	佛	眼
아닐 **부**	같을 **여**	이 **시**	세상 **세**	높을 **존**	같을 **여**	올 **래**	있을 **유**	부처 **불**	눈 **안**
不	如	是	世	尊	如	來	有	佛	眼

須	菩	提	於	意	云	何	如	恒	河
모름지기 **수**	보리 **보**	보리수 **리**	어조사 **어**	뜻 **의**	이를 **운**	어찌 **하**	같을 **여**	항상 **항**	물 **하**
須	菩	提	於	意	云	何	如	恒	河

中	所	有	沙	佛	說	是	沙	不	如
가운데 **중**	바 **소**	있을 **유**	모래 **사**	부처 **불**	말씀 **설**	이 **시**	모래 **사**	아닐 **부**	같을 **여**
中	所	有	沙	佛	說	是	沙	不	如

是	世	尊	如	來	說	是	沙	須	菩
이 시	세상 세	높을 존	같을 여	올 래	말씀 설	이 시	모래 사	모름지기 수	보리 보
是	世	尊	如	來	說	是	沙	須	菩

提	於	意	云	何	如	一	恒	河	中
보리수 리	어조사 어	뜻 의	이를 운	어찌 하	같을 여	한 일	항상 항	물 하	가운데 중
提	於	意	云	何	如	一	恒	河	中

所	有	沙	有	如	是	等	恒	河	是
바 소	있을 유	모래 사	있을 유	같을 여	이 시	무리 등	항상 항	물 하	이 시
所	有	沙	有	如	是	等	恒	河	是

諸	恒	河	所	有	沙	數	佛	世	界
모두 제	항상 항	물 하	바 소	있을 유	모래 사	셀 수	부처 불	세상 세	경계 계
諸	恒	河	所	有	沙	數	佛	世	界

如	是	寧	爲	多	不	甚	多	世	尊
같을 여	이 시	어찌 영	할 위	많을 다	아닐 부	심할 심	많을 다	세상 세	높을 존
如	是	寧	爲	多	不	甚	多	世	尊

佛	告	須	菩	提	爾	所	國	土	中
부처 불	고할 고	모름지기 수	보리 보	보리수 리	그 이	바 소	나라 국	흙 토	가운데 중
佛	告	須	菩	提	爾	所	國	土	中

所	有	衆	生	若	干	種	心	如	來
바 소	있을 유	무리 중	날 생	만약 약	방패 간	종류 종	마음 심	같을 여	올 래
所	有	衆	生	若	干	種	心	如	來

悉	知	何	以	故	如	來	說	諸	心
다 실	알 지	어찌 하	써 이	연고 고	같을 여	올 래	말씀 설	모두 제	마음 심
悉	知	何	以	故	如	來	說	諸	心

皆	爲	非	心	是	名	爲	心	所	以
다 개	할 위	아닐 비	마음 심	이 시	이름 명	할 위	마음 심	바 소	써 이
皆	爲	非	心	是	名	爲	心	所	以

者	何	須	菩	提	過	去	心	不	可
것 **자**	어찌 **하**	모름지기 **수**	보리 **보**	보리수 **리**	지날 **과**	갈 **거**	마음 **심**	아니 **불**	가히 **가**
者	何	須	菩	提	過	去	心	不	可

得	現	在	心	不	可	得	未	來	心
얻을 **득**	지금 **현**	있을 **재**	마음 **심**	아니 **불**	가히 **가**	얻을 **득**	아닐 **미**	올 **래**	마음 **심**
得	現	在	心	不	可	得	未	來	心

不	可	得
아니 **불**	가히 **가**	얻을 **득**
不	可	得

須	菩	提	於	意	云	何	若	有	人
모름지기 **수**	보리 **보**	보리수 **리**	어조사 **어**	뜻 **의**	이를 **운**	어찌 **하**	만약 **약**	있을 **유**	사람 **인**
須	菩	提	於	意	云	何	若	有	人

滿	三	千	大	千	世	界	七	寶	以
찰 **만**	석 **삼**	일천 **천**	큰 **대**	일천 **천**	세상 **세**	경계 **계**	일곱 **칠**	보배 **보**	써 **이**
滿	三	千	大	千	世	界	七	寶	以

用	布	施	是	人	以	是	因	緣	得
쓸 **용**	베풀 **포(보)**	베풀 **시**	이 **시**	사람 **인**	써 **이**	이 **시**	인할 **인**	인연 **연**	얻을 **득**
用	布	施	是	人	以	是	因	緣	得

福	多	不	如	是	世	尊	此	人	以
복 **복**	많을 **다**	아닐 **부**	같을 **여**	이 **시**	세상 **세**	높을 **존**	이 **차**	사람 **인**	써 **이**

是	因	緣	得	福	甚	多	須	菩	提
이 **시**	인할 **인**	인연 **연**	얻을 **득**	복 **복**	심할 **심**	많을 **다**	모름지기 **수**	보리 **보**	보리수 **리**

若	福	德	有	實	如	來	不	說	得
만약 **약**	복 **복**	덕 **덕**	있을 **유**	참될 **실**	같을 **여**	올 **래**	아니 **불**	말씀 **설**	얻을 **득**

福	德	多	以	福	德	無	故	如	來
복 복	덕 덕	많을 다	써 이	복 복	덕 덕	없을 무	연고 고	같을 여	올 래
福	德	多	以	福	德	無	故	如	來

說	得	福	德	多
말씀 설	얻을 득	복 복	덕 덕	많을 다
說	得	福	德	多

20 離色離相分 第二十

須	菩	提	於	意	云	何	佛	可	以
모름지기 수	보리 보	보리수 리	어조사 어	뜻 의	이를 운	어찌 하	부처 불	가히 가	써 이
須	菩	提	於	意	云	何	佛	可	以

具	足	色	身	見	不	不	也	世	尊
갖출 **구**	족할 **족**	빛 **색**	몸 **신**	볼 **견**	아닐 **부**	아니 **불**	어조사 **야**	세상 **세**	높을 **존**
具	足	色	身	見	不	不	也	世	尊

如	來	不	應	以	具	足	色	身	見
같을 **여**	올 **래**	아니 **불**	응당 **응**	써 **이**	갖출 **구**	족할 **족**	빛 **색**	몸 **신**	볼 **견**
如	來	不	應	以	具	足	色	身	見

何	以	故	如	來	說	具	足	色	身
어찌 **하**	써 **이**	연고 **고**	같을 **여**	올 **래**	말씀 **설**	갖출 **구**	족할 **족**	빛 **색**	몸 **신**
何	以	故	如	來	說	具	足	色	身

卽	非	具	足	色	身	是	名	具	足
곧 즉	아닐 비	갖출 구	족할 족	빛 색	몸 신	이 시	이름 명	갖출 구	족할 족
卽	非	具	足	色	身	是	名	具	足

色	身	須	菩	提	於	意	云	何	如
빛 색	몸 신	모름지기 수	보리 보	보리수 리	어조사 어	뜻 의	이를 운	어찌 하	같을 여
色	身	須	菩	提	於	意	云	何	如

來	可	以	具	足	諸	相	見	不	不
올 래	가히 가	써 이	갖출 구	족할 족	모두 제	모양 상	볼 견	아닐 부	아니 불
來	可	以	具	足	諸	相	見	不	不

也	世	尊	如	來	不	應	以	具	足
어조사 야	세상 세	높을 존	같을 여	올 래	아니 불	응당 응	써 이	갖출 구	족할 족

諸	相	見	何	以	故	如	來	說	諸
모두 제	모양 상	볼 견	어찌 하	써 이	연고 고	같을 여	올 래	말씀 설	모두 제

相	具	足	卽	非	具	足	是	名	諸
모양 상	갖출 구	족할 족	곧 즉	아닐 비	갖출 구	족할 족	이 시	이름 명	모두 제

相	具	足
모양 상	갖출 구	족할 족
相	具	足

21 非說所說分 第二十一

須	菩	提	汝	勿	謂	如	來	作	是
모름지기 수	보리 보	보리수 리	너 여	말 물	이를 위	같을 여	올 래	지을 작	이 시
須	菩	提	汝	勿	謂	如	來	作	是

念	我	當	有	所	說	法	莫	作	是
생각 념	나 아	마땅할 당	있을 유	바 소	말씀 설	법 법	말 막	지을 작	이 시
念	我	當	有	所	說	法	莫	作	是

念	何	以	故	若	人	言	如	來	有
생각 **념**	어찌 **하**	써 **이**	연고 **고**	만약 **약**	사람 **인**	말씀 **언**	같을 **여**	올 **래**	있을 **유**

所	說	法	卽	爲	謗	佛	不	能	解
바 **소**	말씀 **설**	법 **법**	곧 **즉**	될 **위**	헐뜯을 **방**	부처 **불**	아니 **불**	능할 **능**	알 **해**

我	所	說	故	須	菩	提	說	法	者
나 **아**	바 **소**	말씀 **설**	연고 **고**	모름지기 **수**	보리 **보**	보리수 **리**	말씀 **설**	법 **법**	것 **자**

無	法	可	說	是	名	說	法	爾	時
없을 무	법 법	가히 가	말씀 설	이 시	이름 명	말씀 설	법 법	그 이	때 시
無	法	可	說	是	名	說	法	爾	時

慧	命	須	菩	提	白	佛	言	世	尊
슬기로울 혜	목숨 명	모름지기 수	보리 보	보리수 리	아뢸 백	부처 불	말씀 언	세상 세	높을 존
慧	命	須	菩	提	白	佛	言	世	尊

頗	有	衆	生	於	未	來	世	聞	說
자못 파	있을 유	무리 중	날 생	어조사 어	아닐 미	올 래	세상 세	들을 문	말씀 설
頗	有	衆	生	於	未	來	世	聞	說

是	法	生	信	心	不	佛	言	須	菩
이 시	법 법	날 생	믿을 신	마음 심	아닐 부	부처 불	말씀 언	모름지기 수	보리 보
是	法	生	信	心	不	佛	言	須	菩

提	彼	非	衆	生	非	不	衆	生	何
보리수 리	저 피	아닐 비	무리 중	날 생	아닐 비	아니 불	무리 중	날 생	어찌 하
提	彼	非	衆	生	非	不	衆	生	何

以	故	須	菩	提	衆	生	衆	生	者
써 이	연고 고	모름지기 수	보리 보	보리수 리	무리 중	날 생	무리 중	날 생	것 자
以	故	須	菩	提	衆	生	衆	生	者

如	來	說	非	衆	生	是	名	衆	生
같을 여	올 래	말씀 설	아닐 비	무리 중	날 생	이 시	이름 명	무리 중	날 생
如	來	說	非	衆	生	是	名	衆	生

22 無法可得分 第二十二

須	菩	提	白	佛	言	世	尊	佛	得
모름지기 수	보리 보	보리수 리	아뢸 백	부처 불	말씀 언	세상 세	높을 존	부처 불	얻을 득
須	菩	提	白	佛	言	世	尊	佛	得

阿	耨	多	羅	三	藐	三	菩	提	爲
언덕 아	김맬 누	많을 다	그물 라	석 삼	아득할 막(먁)	석 삼	보리 보	보리수 리	할 위
阿	耨	多	羅	三	藐	三	菩	提	爲

無	所	得	耶	佛	言	如	是	如	是
없을 **무**	바 **소**	얻을 **득**	어조사 **야**	부처 **불**	말씀 **언**	같을 **여**	이 **시**	같을 **여**	이 **시**

須	菩	提	我	於	阿	耨	多	羅	三
모름지기 **수**	보리 **보**	보리수 **리**	나 **아**	어조사 **어**	언덕 **아**	김맬 **누**	많을 **다**	그물 **라**	석 **삼**

藐	三	菩	提	乃	至	無	有	少	法
아득할 **먁(먀)**	석 **삼**	보리 **보**	보리수 **리**	이에 **내**	이를 **지**	없을 **무**	있을 **유**	적을 **소**	법 **법**

可	得	是	名	阿	耨	多	羅	三	藐
가히 **가**	얻을 **득**	이 **시**	이름 **명**	언덕 **아**	김맬 **누**	많을 **다**	그물 **라**	석 **삼**	아득할 **막(먁)**
可	得	是	名	阿	耨	多	羅	三	藐

三	菩	提
석 **삼**	보리 **보**	보리수 **리**
三	菩	提

23 淨心行善分 第二十三

復	次	須	菩	提	是	法	平	等	無
다시 **부**	다음 **차**	모름지기 **수**	보리 **보**	보리수 **리**	이 **시**	법 **법**	평평할 **평**	같을 **등**	없을 **무**
復	次	須	菩	提	是	法	平	等	無

有	高	下	是	名	阿	耨	多	羅	三
있을 유	높을 고	아래 하	이 시	이름 명	언덕 아	김맬 누	많을 다	그물 라	석 삼

藐	三	菩	提	以	無	我	無	人	無
아득할 막(먁)	석 삼	보리 보	보리수 리	써 이	없을 무	나 아	없을 무	사람 인	없을 무

衆	生	無	壽	者	修	一	切	善	法
무리 중	날 생	없을 무	목숨 수	것 자	닦을 수	한 일	모두 체	착할 선	법 법

則	得	阿	耨	多	羅	三	藐	三	菩
곧 즉	얻을 득	언덕 아	김맬 누	많을 다	그물 라	석 삼	아득할 막(먁)	석 삼	보리 보
則	得	阿	耨	多	羅	三	藐	三	菩

提	須	菩	提	所	言	善	法	者	如
보리수 리	모름지기 수	보리 보	보리수 리	바 소	말씀 언	착할 선	법 법	것 자	같을 여
提	須	菩	提	所	言	善	法	者	如

來	說	卽	非	善	法	是	名	善	法
올 래	말씀 설	곧 즉	아닐 비	착할 선	법 법	이 시	이름 명	착할 선	법 법
來	說	卽	非	善	法	是	名	善	法

須	菩	提	若	三	千	大	千	世	界
모름지기 수	보리 보	보리수 리	만약 약	석 삼	일천 천	큰 대	일천 천	세상 세	경계 계
須	菩	提	若	三	千	大	千	世	界

中	所	有	諸	須	彌	山	王	如	是
가운데 중	바 소	있을 유	모두 제	모름지기 수	두루 미	뫼 산	임금 왕	같을 여	이 시
中	所	有	諸	須	彌	山	王	如	是

等	七	寶	聚	有	人	持	用	布	施
무리 등	일곱 칠	보배 보	모일 취	있을 유	사람 인	가질 지	쓸 용	베풀 포(보)	베풀 시
等	七	寶	聚	有	人	持	用	布	施

若	人	以	此	般	若	波	羅	蜜	經
만약 **약**	사람 **인**	써 **이**	이 **차**	반야 **반**	반야 **야**	물결 **파(바)**	그물 **라**	꿀 **밀**	경전 **경**
若	人	以	此	般	若	波	羅	蜜	經

乃	至	四	句	偈	等	受	持	讀	誦
이에 **내**	이를 **지**	넉 **사**	글귀 **구**	노래 **게**	무리 **등**	받을 **수**	가질 **지**	읽을 **독**	욀 **송**
乃	至	四	句	偈	等	受	持	讀	誦

爲	他	人	說	於	前	福	德	百	分
위할 **위**	다를 **타**	사람 **인**	말씀 **설**	어조사 **어**	앞 **전**	복 **복**	덕 **덕**	일백 **백**	나눌 **분**
爲	他	人	說	於	前	福	德	百	分

不	及	一	百	千	萬	億	分	乃	至
아니 **불**	미칠 **급**	한 **일**	일백 **백**	일천 **천**	일만 **만**	억 **억**	나눌 **분**	이에 **내**	이를 **지**

筭	數	譬	喩	所	不	能	及
셀 **산**	셀 **수**	비유할 **비**	깨우칠 **유**	바 **소**	아니 **불**	능할 **능**	미칠 **급**

25 化無所化分 第二十五

須	菩	提	於	意	云	何	汝	等	勿
모름지기 **수**	보리 **보**	보리수 **리**	어조사 **어**	뜻 **의**	이를 **운**	어찌 **하**	너 **여**	무리 **등**	말 **물**

謂	如	來	作	是	念	我	當	度	衆
이를 위	같을 여	올 래	지을 작	이 시	생각 념	나 아	마땅할 당	건널 도	무리 중
謂	如	來	作	是	念	我	當	度	衆

生	須	菩	提	莫	作	是	念	何	以
날 생	모름지기 수	보리 보	보리수 리	말 막	지을 작	이 시	생각 념	어찌 하	써 이
生	須	菩	提	莫	作	是	念	何	以

故	實	無	有	衆	生	如	來	度	者
연고 고	참될 실	없을 무	있을 유	무리 중	날 생	같을 여	올 래	건널 도	것 자
故	實	無	有	衆	生	如	來	度	者

若	有	衆	生	如	來	度	者	如	來
만약 **약**	있을 **유**	무리 **중**	날 **생**	같을 **여**	올 **래**	건널 **도**	것 **자**	같을 **여**	올 **래**
若	有	衆	生	如	來	度	者	如	來

則	有	我	人	衆	生	壽	者	須	菩
곧 **즉**	있을 **유**	나 **아**	사람 **인**	무리 **중**	날 **생**	목숨 **수**	것 **자**	모름지기 **수**	보리 **보**
則	有	我	人	衆	生	壽	者	須	菩

提	如	來	說	有	我	者	則	非	有
보리수 **리**	같을 **여**	올 **래**	말씀 **설**	있을 **유**	나 **아**	것 **자**	곧 **즉**	아닐 **비**	있을 **유**
提	如	來	說	有	我	者	則	非	有

我	而	凡	夫	之	人	以	爲	有	我
나 아	말이을 이	무릇 범	사내 부	어조사 지	사람 인	써 이	할 위	있을 유	나 아
我	而	凡	夫	之	人	以	爲	有	我

須	菩	提	凡	夫	者	如	來	說	則
모름지기 수	보리 보	보리수 리	무릇 범	사내 부	것 자	같을 여	올 래	말씀 설	곧 즉
須	菩	提	凡	夫	者	如	來	說	則

非	凡	夫
아닐 비	무릇 범	사내 부
非	凡	夫

須	菩	提	於	意	云	何	可	以	三
모름지기 수	보리 보	보리수 리	어조사 어	뜻 의	이를 운	어찌 하	가히 가	써 이	석 삼
須	菩	提	於	意	云	何	可	以	三

十	二	相	觀	如	來	不	須	菩	提
열 십	두 이	모양 상	볼 관	같을 여	올 래	아닐 부	모름지기 수	보리 보	보리수 리
十	二	相	觀	如	來	不	須	菩	提

言	如	是	如	是	以	三	十	二	相
말씀 언	같을 여	이 시	같을 여	이 시	써 이	석 삼	열 십	두 이	모양 상
言	如	是	如	是	以	三	十	二	相

觀	如	來	佛	言	須	菩	提	若	以
볼 관	같을 여	올 래	부처 불	말씀 언	모름지기 수	보리 보	보리수 리	만약 약	써 이

三	十	二	相	觀	如	來	者	轉	輪
석 삼	열 십	두 이	모양 상	볼 관	같을 여	올 래	것 자	구를 전	바퀴 륜

聖	王	則	是	如	來	須	菩	提	白
성인 성	임금 왕	곧 즉	이 시	같을 여	올 래	모름지기 수	보리 보	보리수 리	아뢸 백

佛	言	世	尊	如	我	解	佛	所	說
부처 불	말씀 언	세상 세	높을 존	같을 여	나 아	알 해	부처 불	바 소	말씀 설
佛	言	世	尊	如	我	解	佛	所	說

義	不	應	以	三	十	二	相	觀	如
뜻 의	아니 불	응당 응	써 이	석 삼	열 십	두 이	모양 상	볼 관	같을 여
義	不	應	以	三	十	二	相	觀	如

來	爾	時	世	尊	而	說	偈	言	若
올 래	그 이	때 시	세상 세	높을 존	말이을 이	말씀 설	노래 게	말씀 언	만약 약
來	爾	時	世	尊	而	說	偈	言	若

以	色	見	我	以	音	聲	求	我	是
써 이	빛 색	볼 견	나 아	써 이	소리 음	소리 성	구할 구	나 아	이 시

人	行	邪	道	不	能	見	如	來
사람 인	행할 행	간사할 사	길 도	아니 불	능할 능	볼 견	같을 여	올 래

27 無斷無滅分 第二十七

須	菩	提	汝	若	作	是	念	如	來
모름지기 수	보리 보	보리수 리	너 여	만약 약	지을 작	이 시	생각 념	같을 여	올 래

不	以	具	足	相	故	得	阿	耨	多
아니 **불**	써 **이**	갖출 **구**	족할 **족**	모양 **상**	연고 **고**	얻을 **득**	언덕 **아**	김맬 **누**	많을 **다**

羅	三	藐	三	菩	提	須	菩	提	莫
그물 **라**	석 **삼**	아득할 **막(먁)**	석 **삼**	보리 **보**	보리수 **리**	모름지기 **수**	보리 **보**	보리수 **리**	말 **막**

作	是	念	如	來	不	以	具	足	相
지을 **작**	이 **시**	생각 **념**	같을 **여**	올 **래**	아니 **불**	써 **이**	갖출 **구**	족할 **족**	모양 **상**

故	得	阿	耨	多	羅	三	藐	三	菩
연고 고	얻을 득	언덕 아	김맬 누	많을 다	그물 라	석 삼	아득할 막(먁)	석 삼	보리 보

提	須	菩	提	汝	若	作	是	念	發
보리수 리	모름지기 수	보리 보	보리수 리	너 여	만약 약	지을 작	이 시	생각 념	일어날 발

阿	耨	多	羅	三	藐	三	菩	提	者
언덕 아	김맬 누	많을 다	그물 라	석 삼	아득할 막(먁)	석 삼	보리 보	보리수 리	사람 자

說	諸	法	斷	滅	相	莫	作	是	念
말씀 설	모두 제	법 법	끊을 단	다할 멸	모양 상	말 막	지을 작	이 시	생각 념
說	諸	法	斷	滅	相	莫	作	是	念

何	以	故	發	阿	耨	多	羅	三	藐
어찌 하	써 이	연고 고	일어날 발	언덕 아	김맬 누	많을 다	그물 라	석 삼	아득할 막(먁)
何	以	故	發	阿	耨	多	羅	三	藐

三	菩	提	心	者	於	法	不	說	斷
석 삼	보리 보	보리수 리	마음 심	사람 자	어조사 어	법 법	아니 불	말씀 설	끊을 단
三	菩	提	心	者	於	法	不	說	斷

滅	相
다할 **멸**	모양 **상**
滅	相

28 不受不貪分 第二十八

須	菩	提	若	菩	薩	以	滿	恒	河
모름지기 **수**	보리 **보**	보리수 **리**	만약 **약**	보리 **보**	보살 **살**	써 **이**	찰 **만**	항상 **항**	물 **하**
須	菩	提	若	菩	薩	以	滿	恒	河

沙	等	世	界	七	寶	持	用	布	施
모래 **사**	같을 **등**	세상 **세**	경계 **계**	일곱 **칠**	보배 **보**	가질 **지**	쓸 **용**	베풀 **포(보)**	베풀 **시**
沙	等	世	界	七	寶	持	用	布	施

若	復	有	人	知	一	切	法	無	我
만약 약	다시 부	있을 유	사람 인	알 지	한 일	모두 체	법 법	없을 무	나 아
若	復	有	人	知	一	切	法	無	我

得	成	於	忍	此	菩	薩	勝	前	菩
얻을 득	이룰 성	어조사 어	참을 인	이 차	보리 보	보살 살	뛰어날 승	앞 전	보리 보
得	成	於	忍	此	菩	薩	勝	前	菩

薩	所	得	功	德	須	菩	提	以	諸
보살 살	바 소	얻을 득	공 공	덕 덕	모름지기 수	보리 보	보리수 리	써 이	모두 제
薩	所	得	功	德	須	菩	提	以	諸

菩	薩	不	受	福	德	故	須	菩	提
보리 보	보살 살	아니 불	받을 수	복 복	덕 덕	연고 고	모름지기 수	보리 보	보리수 리

白	佛	言	世	尊	云	何	菩	薩	不
아뢸 백	부처 불	말씀 언	세상 세	높을 존	이를 운	어찌 하	보리 보	보살 살	아니 불

受	福	德	須	菩	提	菩	薩	所	作
받을 수	복 복	덕 덕	모름지기 수	보리 보	보리수 리	보리 보	보살 살	바 소	지을 작

福	德	不	應	貪	着	是	故	說	不
복 복	덕 덕	아니 **불**	응당 **응**	탐할 **탐**	붙을 **착**	이 **시**	연고 **고**	말씀 **설**	아니 **불**
福	德	不	應	貪	着	是	故	說	不

受	福	德
받을 **수**	복 복	덕 덕
受	福	德

29 威儀寂靜分 第二十九

須	菩	提	若	有	人	言	如	來	若
모름지기 **수**	보리 **보**	보리수 **리**	만약 **약**	있을 **유**	사람 **인**	말씀 **언**	같을 **여**	올 **래**	만약 **약**
須	菩	提	若	有	人	言	如	來	若

來	若	去	若	坐	若	臥	是	人	不
올 래	만약 **약**	갈 **거**	만약 **약**	앉을 **좌**	만약 **약**	누울 **와**	이 **시**	사람 **인**	아니 **불**
來	若	去	若	坐	若	臥	是	人	不

解	我	所	說	義	何	以	故	如	來
알 해	나 아	바 소	말씀 **설**	뜻 **의**	어찌 **하**	써 **이**	연고 **고**	같을 **여**	올 래
解	我	所	說	義	何	以	故	如	來

者	無	所	從	來	亦	無	所	去	故
것 **자**	없을 **무**	바 소	따를 **종**	올 래	또 **역**	없을 **무**	바 소	갈 **거**	연고 **고**
者	無	所	從	來	亦	無	所	去	故

名	如	來
이름 **명**	같을 **여**	올 **래**
名	如	來

須	菩	提	若	善	男	子	善	女	人
모름지기 **수**	보리 **보**	보리수 **리**	만약 **약**	착할 **선**	사내 **남**	아들 **자**	착할 **선**	여자 **여**	사람 **인**
須	菩	提	若	善	男	子	善	女	人

以	三	千	大	千	世	界	碎	爲	微
써 **이**	석 **삼**	일천 **천**	큰 **대**	일천 **천**	세상 **세**	경계 **계**	부술 **쇄**	할 **위**	작을 **미**
以	三	千	大	千	世	界	碎	爲	微

塵	於	意	云	何	是	微	塵	衆	寧
티끌 **진**	어조사 **어**	뜻 **의**	이를 **운**	어찌 **하**	이 **시**	작을 **미**	티끌 **진**	무리 **중**	어찌 **영**
塵	於	意	云	何	是	微	塵	衆	寧

爲	多	不	甚	多	世	尊	何	以	故
할 **위**	많을 **다**	아닐 **부**	심할 **심**	많을 **다**	세상 **세**	높을 **존**	어찌 **하**	써 **이**	연고 **고**
爲	多	不	甚	多	世	尊	何	以	故

若	是	微	塵	衆	實	有	者	佛	則
만약 **약**	이 **시**	작을 **미**	티끌 **진**	무리 **중**	참될 **실**	있을 **유**	것 **자**	부처 **불**	곧 **즉**
若	是	微	塵	衆	實	有	者	佛	則

不	說	是	微	塵	衆	所	以	者	何
아니 불	말씀 설	이 시	작을 미	티끌 진	무리 중	바 소	써 이	것 자	어찌 하
不	說	是	微	塵	衆	所	以	者	何

佛	說	微	塵	衆	則	非	微	塵	衆
부처 불	말씀 설	작을 미	티끌 진	무리 중	곧 즉	아닐 비	작을 미	티끌 진	무리 중
佛	說	微	塵	衆	則	非	微	塵	衆

是	名	微	塵	衆	世	尊	如	來	所
이 시	이름 명	작을 미	티끌 진	무리 중	세상 세	높을 존	같을 여	올 래	바 소
是	名	微	塵	衆	世	尊	如	來	所

說	三	千	大	千	世	界	則	非	世
말씀 **설**	석 **삼**	일천 **천**	큰 **대**	일천 **천**	세상 **세**	경계 **계**	곧 **즉**	아닐 **비**	세상 **세**
說	三	千	大	千	世	界	則	非	世

界	是	名	世	界	何	以	故	若	世
경계 **계**	이 **시**	이름 **명**	세상 **세**	경계 **계**	어찌 **하**	써 **이**	연고 **고**	만약 **약**	세상 **세**
界	是	名	世	界	何	以	故	若	世

界	實	有	者	則	是	一	合	相	如
경계 **계**	참될 **실**	있을 **유**	것 **자**	곧 **즉**	이 **시**	한 **일**	합할 **합**	모양 **상**	같을 **여**
界	實	有	者	則	是	一	合	相	如

來	說	一	合	相	則	非	一	合	相
올 래	말씀 설	한 일	합할 합	모양 상	곧 즉	아닐 비	한 일	합할 합	모양 상

是	名	一	合	相	須	菩	提	一	合
이 시	이름 명	한 일	합할 합	모양 상	모름지기 수	보리 보	보리수 리	한 일	합할 합

相	者	則	是	不	可	說	但	凡	夫
모양 상	것 자	곧 즉	이 시	아니 불	가히 가	말씀 설	다만 단	무릇 범	사내 부

之	人	貪	着	其	事
어조사 **지**	사람 **인**	탐할 **탐**	붙을 **착**	그 **기**	일 **사**
之	人	貪	着	其	事

31 知見不生分 第三十一

須	菩	提	若	人	言	佛	說	我	見
모름지기 **수**	보리 **보**	보리수 **리**	만약 **약**	사람 **인**	말씀 **언**	부처 **불**	말씀 **설**	나 **아**	볼 **견**
須	菩	提	若	人	言	佛	說	我	見

人	見	衆	生	見	壽	者	見	須	菩
사람 **인**	볼 **견**	무리 **중**	날 **생**	볼 **견**	목숨 **수**	것 **자**	볼 **견**	모름지기 **수**	보리 **보**
人	見	衆	生	見	壽	者	見	須	菩

提	於	意	云	何	是	人	解	我	所
보리수 리	어조사 어	뜻 의	이를 운	어찌 하	이 시	사람 인	알 해	나 아	바 소

說	義	不	不	也	世	尊	是	人	不
말씀 설	뜻 의	아닐 부	아니 불	어조사 야	세상 세	높을 존	이 시	사람 인	아니 불

解	如	來	所	說	義	何	以	故	世
알 해	같을 여	올 래	바 소	말씀 설	뜻 의	어찌 하	써 이	연고 고	세상 세

尊	說	我	見	人	見	衆	生	見	壽
높을 존	말씀 설	나 아	볼 견	사람 인	볼 견	무리 중	날 생	볼 견	목숨 수
尊	說	我	見	人	見	衆	生	見	壽

者	見	卽	非	我	見	人	見	衆	生
것 자	볼 견	곧 즉	아닐 비	나 아	볼 견	사람 인	볼 견	무리 중	날 생
者	見	卽	非	我	見	人	見	衆	生

見	壽	者	見	是	名	我	見	人	見
볼 견	목숨 수	것 자	볼 견	이 시	이름 명	나 아	볼 견	사람 인	볼 견
見	壽	者	見	是	名	我	見	人	見

衆	生	見	壽	者	見	須	菩	提	發
무리 중	날 생	볼 견	목숨 수	것 자	볼 견	모름지기 수	보리 보	보리수 리	일어날 발

阿	耨	多	羅	三	藐	三	菩	提	心
언덕 아	김맬 누	많을 다	그물 라	석 삼	아득할 막(먁)	석 삼	보리 보	보리수 리	마음 심

者	於	一	切	法	應	如	是	知	如
사람 자	어조사 어	한 일	모두 체	법 법	응당 응	같을 여	이 시	알 지	같을 여

是	見	如	是	信	解	不	生	法	相
이 시	볼 견	같을 여	이 시	믿을 신	알 해	아니 불	날 생	법 법	모양 상
是	見	如	是	信	解	不	生	法	相

須	菩	提	所	言	法	相	者	如	來
모름지기 수	보리 보	보리수 리	바 소	말씀 언	법 법	모양 상	것 자	같을 여	올 래
須	菩	提	所	言	法	相	者	如	來

說	卽	非	法	相	是	名	法	相
말씀 설	곧 즉	아닐 비	법 법	모양 상	이 시	이름 명	법 법	모양 상
說	卽	非	法	相	是	名	法	相

須	菩	提	若	有	人	以	滿	無	量
모름지기 수	보리 보	보리수 리	만약 약	있을 유	사람 인	써 이	찰 만	없을 무	헤아릴 량

阿	僧	祇	世	界	七	寶	持	用	布
언덕 아	중 승	클 기	세상 세	경계 계	일곱 칠	보배 보	가질 지	쓸 용	베풀 포(보)

施	若	有	善	男	子	善	女	人	發
베풀 시	만약 약	있을 유	착할 선	사내 남	아들 자	착할 선	여자 여	사람 인	일어날 발

菩	薩	心	者	持	於	此	經	乃	至
보리 보	보살 살	마음 심	것 자	가질 지	어조사 어	이 차	경전 경	이에 내	이를 지
菩	薩	心	者	持	於	此	經	乃	至

四	句	偈	等	受	持	讀	誦	爲	人
넉 사	글귀 구	노래 게	무리 등	받을 수	가질 지	읽을 독	욀 송	위할 위	사람 인
四	句	偈	等	受	持	讀	誦	爲	人

演	說	其	福	勝	彼	云	何	爲	人
널리펼 연	말씀 설	그 기	복 복	뛰어날 승	저 피	이를 운	어찌 하	위할 위	사람 인
演	說	其	福	勝	彼	云	何	爲	人

演	說	不	取	於	相	如	如	不	動
널리펼 연	말씀 설	아니 불	취할 취	어조사 어	모양 상	같을 여	같을 여	아닐 부	움직일 동
演	說	不	取	於	相	如	如	不	動

何	以	故	一	切	有	爲	法	如	夢
어찌 하	써 이	연고 고	한 일	모두 제	있을 유	할 위	법 법	같을 여	꿈 몽
何	以	故	一	切	有	爲	法	如	夢

幻	泡	影	如	露	亦	如	電	應	作
허깨비 환	거품 포	그림자 영	같을 여	이슬 로	또 역	같을 여	번개 전	응당 응	지을 작
幻	泡	影	如	露	亦	如	電	應	作

如	是	觀	佛	說	是	經	已	長	老
같을 여	이 시	볼 관	부처 불	말씀 설	이 시	경전 경	마칠 이	어른 장	늙을 로
如	是	觀	佛	說	是	經	已	長	老

須	菩	提	及	諸	比	丘	比	丘	尼
모름지기 수	보리 보	보리수 리	및 급	모두 제	견줄 비	언덕 구	견줄 비	언덕 구	중 니
須	菩	提	及	諸	比	丘	比	丘	尼

優	婆	塞	優	婆	夷	一	切	世	間
넉넉할 우	할미 파(바)	변방 새	넉넉할 우	할미 파(바)	오랑캐 이	한 일	모두 체	세상 세	사이 간
優	婆	塞	優	婆	夷	一	切	世	間

天	人	阿	修	羅	聞	佛	所	說	皆
하늘 천	사람 인	언덕 아	닦을 수	그물 라	들을 문	부처 불	바 소	말씀 설	다 개
天	人	阿	修	羅	聞	佛	所	說	皆

大	歡	喜	信	受	奉	行
큰 대	기뻐할 환	기쁠 희	믿을 신	받을 수	받들 봉	행할 행
大	歡	喜	信	受	奉	行

金剛般若波羅蜜經
讀誦本

金剛般若波羅蜜經
금 강 반 야 바 라 밀 경

姚秦 天竺三藏 鳩摩羅什 譯
요진 천축삼장 구마라집 역

法會因由分 第一
법회인유분 제일

如是我聞 一時 佛在舍衛國祇樹給孤獨園 與大比丘衆
여시아문 일시 불재사위국기수급고독원 여대비구중

千二百五十人俱 爾時 世尊食時 著衣持鉢 入舍衛大城乞食
천이백오십인구 이시 세존식시 착의지발 입사위대성걸식

於其城中 次第乞已 還至本處 飯食訖 收衣鉢 洗足已 敷座
어기성중 차제걸이 환지본처 반사흘 수의발 세족이 부좌

而坐
이좌

善現起請分 第二
선현기청분 제이

時 長老須菩提 在大衆中 卽從座起 偏袒右肩 右膝著地 合掌恭
시 장로수보리 재대중중 즉종좌기 편단우견 우슬착지 합장공

敬 而白佛言 希有世尊 如來善護念諸菩薩 善付囑諸菩薩 世尊
경 이백불언 희유세존 여래선호념제보살 선부촉제보살 세존

善男子善女人 發阿耨多羅三藐三菩提心 應云何住 云何降伏其
선남자선여인 발아누다라삼먁삼보리심 응운하주 운하항복기

心 佛言 善哉善哉 須菩提 如汝所說 如來 善護念諸菩薩 善付囑
심 불언 선재선재 수보리 여여소설 여래 선호념제보살 선부촉

諸菩薩 汝今諦聽 當爲汝說 善男子善女人 發阿耨多羅三藐三菩
제보살 여금제청 당위여설 선남자선여인 발아누다라삼먁삼보

提心 應如是住 如是降伏其心 唯然世尊 願樂欲聞
리심 응여시주 여시항복기심 유연세존 원요욕문

大乘正宗分 第三
대승정종분 제삼

佛告須菩提 諸菩薩摩訶薩 應如是降伏其心 所有一切衆生之類
불고수보리 제보살마하살 응여시항복기심 소유일체중생지류

若卵生 若胎生 若濕生 若化生 若有色 若無色 若有想 若無想
약란생 약태생 약습생 약화생 약유색 약무색 약유상 약무상

若非有想非無想 我皆令入無餘涅槃 而滅度之 如是滅度無量無
약비유상비무상 아개영입무여열반 이멸도지 여시멸도무량무

數無邊衆生 實無衆生得滅度者 何以故 須菩提 若菩薩 有我相
수무변중생 실무중생득멸도자 하이고 수보리 약보살 유아상

人相 衆生相 壽者相 卽非菩薩
인상 중생상 수자상 즉비보살

妙行無住分 第四
묘행무주분 제사

復次須菩提 菩薩於法 應無所住 行於布施 所謂不住色布施
부차수보리 보살어법 응무소주 행어보시 소위부주색보시

不住聲香味觸法布施 須菩提 菩薩應如是布施 不住於相 何以故
부주성향미촉법보시 수보리 보살응여시보시 부주어상 하이고

若菩薩不住相布施 其福德不可思量 須菩提 於意云何 東方虛空
약보살부주상보시 기복덕불가사량 수보리 어의운하 동방허공

可思量不　不也世尊　須菩提　南西北方　四維上下虛空　可思量不
가사량부　불야세존　수보리　남서북방　사유상하허공　가사량부

不也世尊　須菩提　菩薩無住相布施福德　亦復如是　不可思量
불야세존　수보리　보살무주상보시복덕　역부여시　불가사량

須菩提　菩薩但應如所敎住
수보리　보살단응여소교주

如理實見分 第五
여리실견분 제오

須菩提　於意云何　可以身相　見如來不　不也世尊　不可以身相　得見
수보리　어의운하　가이신상　견여래부　불야세존　불가이신상　득견

如來　何以故　如來所說身相　卽非身相　佛告須菩提　凡所有相　皆是
여래　하이고　여래소설신상　즉비신상　불고수보리　범소유상　개시

虛妄　若見諸相非相　則見如來
허망　약견제상비상　즉견여래

正信希有分 第六
정신희유분 제육

須菩提白佛言　世尊　頗有眾生　得聞如是言說章句　生實信不　佛
수보리백불언　세존　파유중생　득문여시언설장구　생실신부　불

告須菩提　莫作是說　如來滅後　後五百歲　有持戒修福者　於此章
고수보리　막작시설　여래멸후　후오백세　유지계수복자　어차장

句　能生信心　以此爲實　當知是人　不於一佛二佛三四五佛　而種
구　능생신심　이차위실　당지시인　불어일불이불삼사오불　이종

善根　已於無量　千萬佛所　種諸善根　聞是章句　乃至一念　生淨信
선근　이어무량　천만불소　종제선근　문시장구　내지일념　생정신

者 須菩提 如來 悉知悉見 是諸衆生 得如是無量福德 何以故 是
자 수보리 여래 실지실견 시제중생 득여시무량복덕 하이고 시

諸衆生 無復我相人相衆生相壽者相 無法相 亦無非法相 何以故
제 중생 무부아상인상중생상수자상 무법상 역무비법상 하이고

是諸衆生 若心取相 則爲着我人衆生壽者 若取法相 卽着我人衆
시제중생 약심취상 즉위착아인중생수자 약취법상 즉착아인중

生壽者 何以故 若取非法相 卽着我人衆生壽者 是故 不應取法
생수자 하이고 약취비법상 즉착아인중생수자 시고 불응취법

不應取非法 以是義故 如來常說 汝等比丘 知我說法 如筏喩者
불응취비법 이시의고 여래상설 여등비구 지아설법 여벌유자

法尙應捨 何況非法
법상응사 하황비법

無得無說分 第七
무득무설분 제칠

須菩提 於意云何 如來得阿耨多羅三藐三菩提耶 如來有所說法
수보리 어의운하 여래득아누다라삼먁삼보리야 여래유소설법

耶 須菩提言 如我解佛所說義 無有定法名阿耨多羅三藐三菩提
야 수보리언 여아해불소설의 무유정법명아누다라삼먁삼보리

亦無有定法如來可說 何以故 如來所說法 皆不可取 不可說 非
역무유정법여래가설 하이고 여래소설법 개불가취 불가설 비

法 非非法 所以者何 一切賢聖 皆以無爲法 而有差別
법 비비법 소이자하 일체현성 개이무위법 이유차별

依法出生分 第八
의 법 출 생 분 제 팔

須菩提 於意云何 若人 滿三千大千世界七寶 以用布施 是人 所
수보리 어의운하 약인 만삼천대천세계칠보 이용보시 시인 소

得福德 寧爲多不 須菩提言 甚多世尊 何以故 是福德 卽非福德
득복덕 영위다부 수보리언 심다세존 하이고 시복덕 즉비복덕

性 是故如來說福德多 若復有人 於此經中 受持乃至四句偈等
성 시고여래설복덕다 약부유인 어차경중 수지내지사구게등

爲他人說 其福勝彼 何以故 須菩提 一切諸佛 及諸佛阿耨多羅
위타인설 기복승피 하이고 수보리 일체제불 급제불아누다라

三藐三菩提法 皆從此經出 須菩提 所謂佛法者 卽非佛法
삼막삼보리법 개종차경출 수보리 소위불법자 즉비불법

一相無相分 第九
일 상 무 상 분 제 구

須菩提 於意云何 須陀洹 能作是念 我得須陀洹果不 須菩提言
수보리 어의운하 수다원 능작시념 아득수다원과부 수보리언

不也世尊 何以故 須陀洹 名爲入流 而無所入 不入色聲香味觸
불야세존 하이고 수다원 명위입류 이무소입 불입색성향미촉

法 是名須陀洹 須菩提 於意云何 斯陀含 能作是念 我得斯陀含
법 시명수다원 수보리 어의운하 사다함 능작시념 아득사다함

果不 須菩提言 不也世尊 何以故 斯陀含 名一往來 而實無往來
과부 수보리언 불야세존 하이고 사다함 명일왕래 이실무왕래

是名斯陀含 須菩提 於意云何 阿那含 能作是念 我得阿那含果
시명사다함 수보리 어의운하 아나함 능작시념 아득아나함과

不 須菩提言 不也世尊 何以故 阿那含 名爲不來 而實無不來 是
부 수보리언 불야세존 하이고 아나함 명위불래 이실무불래 시

故 名阿那含 須菩提 於意云何 阿羅漢 能作是念 我得阿羅漢道
고 명아나함 수보리 어의운하 아라한 능작시념 아득아라한도

不 須菩提言 不也世尊 何以故 實無有法名阿羅漢 世尊 若阿羅
부 수보리언 불야세존 하이고 실무유법명아라한 세존 약아라

漢 作是念 我得阿羅漢道 卽爲着我人衆生壽者 世尊 佛說我得
한 작시념 아득아라한도 즉위착아인중생수자 세존 불설아득

無諍三昧人中 最爲第一 是第一離欲阿羅漢 我不作是念 我是離
무쟁삼매인중 최위제일 시제일이욕아라한 아부작시념 아시이

欲阿羅漢 世尊 我若作是念 我得阿羅漢道 世尊則不說 須菩提
욕아라한 세존 아약작시념 아득아라한도 세존즉불설 수보리

是樂阿蘭那行者 以須菩提實無所行 而名須菩提 是樂阿蘭那行
시요아란나행자 이수보리실무소행 이명수보리 시요아란나행

莊嚴淨土分 第十
장엄정토분 제십

佛告須菩提 於意云何 如來 昔在然燈佛所 於法有所得不 不也
불고수보리 어의운하 여래 석재연등불소 어법유소득부 불야

世尊 如來在然燈佛所 於法實無所得 須菩提 於意云何 菩薩 莊
세존 여래재연등불소 어법실무소득 수보리 어의운하 보살 장

嚴佛土不 不也世尊 何以故 莊嚴佛土者 則非莊嚴 是名莊嚴 是
엄불토부 불야세존 하이고 장엄불토자 즉비장엄 시명장엄 시

故 須菩提 諸菩薩摩訶薩 應如是生淸淨心 不應住色生心 不應
고 수보리 제보살마하살 응여시생청정심 불응주색생심 불응

住聲香味觸法生心 應無所住 而生其心 須菩提 譬如有人 身如
주성향미촉법생심 응무소주 이생기심 수보리 비여유인 신여

須彌山王 於意云何 是身爲大不 須菩提言 甚大世尊 何以故 佛
수미산왕 어의운하 시신위대부 수보리언 심대세존 하이고 불

說非身 是名大身
설비신 시명대신

無爲福勝分 第十一
무위복승분 제십일

須菩提 如恒河中所有沙數 如是沙等恒河 於意云何 是諸恒河沙
수보리 여항하중소유사수 여시사등항하 어의운하 시제항하사

寧爲多不 須菩提言 甚多世尊 但諸恒河 尚多無數 何況其沙 須
영위다부 수보리언 심다세존 단제항하 상다무수 하황기사 수

菩提 我今實言告汝 若有善男子善女人 以七寶滿爾所恒河沙數
보리 아금실언고여 약유선남자선여인 이칠보만이소항하사수

三千大千世界 以用布施 得福多不 須菩提言 甚多世尊 佛告須
삼천대천세계 이용보시 득복다부 수보리언 심다세존 불고수

菩提 若善男子善女人 於此經中 乃至受持四句偈等 爲他人說
보리 약선남자선여인 어차경중 내지수지사구게등 위타인설

而此福德 勝前福德
이차복덕 승전복덕

尊重正教分 第十二
존중정교분 제십이

復次須菩提 隨說是經 乃至四句偈等 當知此處 一切世間天人阿
부차수보리 수설시경 내지사구게등 당지차처 일체세간천인아

修羅 皆應供養 如佛塔廟 何況有人盡能受持讀誦 須菩提 當知
수라 개응공양 여불탑묘 하황유인진능수지독송 수보리 당지

是人成就最上第一希有之法 若是經典所在之處 則爲有佛若尊
시인성취최상제일희유지법 약시경전소재지처 즉위유불약존

重弟子
중 제 자

如法受持分 第十三
여법수지분 제십삼

爾時 須菩提白佛言 世尊 當何名此經 我等云何奉持 佛告須菩
이시 수보리백불언 세존 당하명차경 아등운하봉지 불고수보

提 是經名爲金剛般若波羅蜜 以是名字 汝當奉持 所以者何 須
리 시경명위금강반야바라밀 이시명자 여당봉지 소이자하 수

菩提 佛說般若波羅蜜 則非般若波羅蜜 是名般若波羅蜜 須菩
보리 불설반야바라밀 즉비반야바라밀 시명반야바라밀 수보

提 於意云何 如來有所說法不 須菩提白佛言 世尊 如來無所說
리 어의운하 여래유소설법부 수보리백불언 세존 여래무소설

須菩提 於意云何 三千大千世界 所有微塵 是爲多不 須菩提言
수보리 어의운하 삼천대천세계 소유미진 시위다부 수보리언

甚多世尊 須菩提 諸微塵 如來說非微塵 是名微塵 如來說世界
심다세존 수보리 제미진 여래설비미진 시명미진 여래설세계

非世界 是名世界 須菩提 於意云何 可以三十二相 見如來不 不
비세계 시명세계 수보리 어의운하 가이삼십이상 견여래부 불

也世尊 不可以三十二相 得見如來 何以故 如來說三十二相 卽
야세존 불가이삼십이상 득견여래 하이고 여래설삼십이상 즉

是非相 是名三十二相 須菩提 若有善男子善女人 以恒河沙等
시비상 시명삼십이상 수보리 약유선남자선여인 이항하사등

身命布施 若復有人 於此經中 乃至受持四句偈等 爲他人說 其
신명보시 약부유인 어차경중 내지수지사구게등 위타인설 기

福甚多
복 심 다

離相寂滅分 第十四
이 상 적 멸 분　제 십 사

爾時 須菩提 聞說是經 深解義趣 涕淚悲泣 而白佛言 希有世尊
이 시　수 보 리　문 설 시 경　심 해 의 취　체 루 비 읍　이 백 불 언　희 유 세 존

佛說如是甚深經典 我從昔來所得慧眼 未曾得聞如是之經 世尊
불 설 여 시 심 심 경 전　아 종 석 래 소 득 혜 안　미 증 득 문 여 시 지 경　세 존

若復有人 得聞是經 信心淸淨 則生實相 當知是人 成就第一希
약 부 유 인　득 문 시 경　신 심 청 정　즉 생 실 상　당 지 시 인　성 취 제 일 희

有功德 世尊 是實相者 則是非相 是故 如來說名實相 世尊 我今
유 공 덕　세 존　시 실 상 자　즉 시 비 상　시 고　여 래 설 명 실 상　세 존　아 금

得聞如是經典 信解受持 不足爲難 若當來世 後五百歲 其有衆
득 문 여 시 경 전　신 해 수 지　부 족 위 난　약 당 래 세　후 오 백 세　기 유 중

生 得聞是經 信解受持 是人則爲第一希有 何以故 此人無我相
생　득 문 시 경　신 해 수 지　시 인 즉 위 제 일 희 유　하 이 고　차 인 무 아 상

人相衆生相壽者相 所以者何 我相卽是非相 人相衆生相壽者相
인 상 중 생 상 수 자 상　소 이 자 하　아 상 즉 시 비 상　인 상 중 생 상 수 자 상

卽是非相 何以故 離一切諸相 則名諸佛 佛告須菩提 如是如是
즉 시 비 상　하 이 고　이 일 체 제 상　즉 명 제 불　불 고 수 보 리　여 시 여 시

若復有人 得聞是經 不驚不怖不畏 當知是人 甚爲希有 何以故
약 부 유 인　득 문 시 경　불 경 불 포 불 외　당 지 시 인　심 위 희 유　하 이 고

須菩提 如來說第一波羅蜜 非第一波羅蜜 是名第一波羅蜜 須菩
수 보 리　여 래 설 제 일 바 라 밀　비 제 일 바 라 밀　시 명 제 일 바 라 밀　수 보

提 忍辱波羅蜜 如來說非忍辱波羅蜜 何以故 須菩提 如我昔爲
리　인 욕 바 라 밀　여 래 설 비 인 욕 바 라 밀　하 이 고　수 보 리　여 아 석 위

歌利王 割截身體 我於爾時 無我相 無人相 無衆生相 無壽者相
가 리 왕　할 절 신 체　아 어 이 시　무 아 상　무 인 상　무 중 생 상　무 수 자 상

何以故 我於往昔節節支解時 若有我相人相衆生相壽者相 應生
하 이 고　아 어 왕 석 절 절 지 해 시　약 유 아 상 인 상 중 생 상 수 자 상　응 생

瞋恨 須菩提 又念過去於五百世 作忍辱仙人 於爾所世 無我相
진한 수보리 우념과거어오백세 작인욕선인 어이소세 무아상

無人相 無衆生相 無壽者相 是故 須菩提 菩薩 應離一切相 發阿
무인상 무중생상 무수자상 시고 수보리 보살 응리일체상 발아

耨多羅三藐三菩提心 不應住色生心 不應住聲香味觸法生心 應
누다라삼먁삼보리심 불응주색생심 불응주성향미촉법생심 응

生無所住心 若心有住 則爲非住 是故 佛說菩薩 心不應住色布
생무소주심 약심유주 즉위비주 시고 불설보살 심불응주색보

施 須菩提 菩薩 爲利益一切衆生 應如是布施 如來說一切諸相
시 수보리 보살 위이익일체중생 응여시보시 여래설일체제상

卽是非相 又說一切衆生 則非衆生 須菩提 如來是眞語者 實語
즉시비상 우설일체중생 즉비중생 수보리 여래시진어자 실어

者 如語者 不誑語者 不異語者 須菩提 如來所得法 此法無實無
자 여어자 불광어자 불이어자 수보리 여래소득법 차법무실무

虛 須菩提 若菩薩 心住於法 而行布施 如人入闇 則無所見 若菩
허 수보리 약보살 심주어법 이행보시 여인입암 즉무소견 약보

薩 心不住法 而行布施 如人有目 日光明照 見種種色 須菩提 當
살 심부주법 이행보시 여인유목 일광명조 견종종색 수보리 당

來之世 若有善男子善女人 能於此經 受持讀誦 則爲如來 以佛智
래지세 약유선남자선여인 능어차경 수지독송 즉위여래 이불지

慧 悉知是人 悉見是人 皆得成就無量無邊功德
혜 실지시인 실견시인 개득성취무량무변공덕

持經功德分 第十五
지경공덕분 제십오

須菩提 若有善男子善女人 初日分 以恒河沙等身布施 中日分
수보리 약유선남자선여인 초일분 이항하사등신보시 중일분

復以恒河沙等身布施 後日分 亦以恒河沙等身布施 如是無量
부 이 항 하 사 등 신 보 시　후 일 분　역 이 항 하 사 등 신 보 시　여 시 무 량

百千萬億劫 以身布施 若復有人 聞此經典 信心不逆 其福勝彼
백 천 만 억 겁　이 신 보 시　약 부 유 인　문 차 경 전　신 심 불 역　기 복 승 피

何況書寫受持讀誦 爲人解說 須菩提 以要言之 是經 有不可思
하 황 서 사 수 지 독 송　위 인 해 설　수 보 리　이 요 언 지　시 경　유 불 가 사

議不可稱量無邊功德 如來爲發大乘者說 爲發最上乘者說 若有
의 불 가 칭 량 무 변 공 덕　여 래 위 발 대 승 자 설　위 발 최 상 승 자 설　약 유

人 能受持讀誦 廣爲人說 如來悉知是人 悉見是人 皆得成就不
인　능 수 지 독 송　광 위 인 설　여 래 실 지 시 인　실 견 시 인　개 득 성 취 불

可量 不可稱無有邊不可思議功德 如是人等 則爲荷擔如來阿耨
가 량　불 가 칭 무 유 변 불 가 사 의 공 덕　여 시 인 등　즉 위 하 담 여 래 아 누

多羅三藐三菩提 何以故 須菩提 若樂小法者 着我見人見衆生見
다 라 삼 먁 삼 보 리　하 이 고　수 보 리　약 요 소 법 자　착 아 견 인 견 중 생 견

壽者見 則於此經 不能聽受讀誦 爲人解說 須菩提 在在處處 若
수 자 견　즉 어 차 경　불 능 청 수 독 송　위 인 해 설　수 보 리　재 재 처 처　약

有此經 一切世間天人阿修羅 所應供養 當知此處 則爲是塔 皆
유 차 경　일 체 세 간 천 인 아 수 라　소 응 공 양　당 지 차 처　즉 위 시 탑　개

應恭敬作禮圍繞 以諸華香 而散其處
응 공 경 작 례 위 요　이 제 화 향　이 산 기 처

能淨業障分 第十六
능 정 업 장 분 제 십 육

復次 須菩提 善男子善女人 受持讀誦此經 若爲人輕賤 是人 先
부 차　수 보 리　선 남 자 선 여 인　수 지 독 송 차 경　약 위 인 경 천　시 인　선

世罪業 應墮惡道 以今世人輕賤故 先世罪業 則爲消滅 當得阿
세 죄 업　응 타 악 도　이 금 세 인 경 천 고　선 세 죄 업　즉 위 소 멸　당 득 아

耨多羅三藐三菩提 須菩提 我念過去無量阿僧祇劫 於然燈佛前
누 다 라 삼 먁 삼 보 리　수 보 리　아 념 과 거 무 량 아 승 기 겁　어 연 등 불 전

得值八百四千萬億那由他諸佛 悉皆供養承事 無空過者 若復有
득 치 팔 백 사 천 만 억 나 유 타 제 불　실 개 공 양 승 사　무 공 과 자　약 부 유

人 於後末世 能受持讀誦此經 所得功德 於我所供養諸佛功德
인　어 후 말 세　능 수 지 독 송 차 경　소 득 공 덕　어 아 소 공 양 제 불 공 덕

百分不及一 千萬億分 乃至算數譬喻 所不能及 須菩提 若善男
백 분 불 급 일　천 만 억 분　내 지 산 수 비 유　소 불 능 급　수 보 리　약 선 남

子善女人 於後末世 有受持讀誦此經 所得功德 我若具說者 或
자 선 여 인　어 후 말 세　유 수 지 독 송 차 경　소 득 공 덕　아 약 구 설 자　혹

有人聞 心則狂亂 狐疑不信 須菩提 當知 是經義 不可思議 果報
유 인 문　심 즉 광 란　호 의 불 신　수 보 리　당 지　시 경 의　불 가 사 의　과 보

亦不可思議
역 불 가 사 의

究竟無我分 第十七
구 경 무 아 분　제 십 칠

爾時 須菩提白佛言 世尊 善男子善女人 發阿耨多羅三藐三菩提
이 시　수 보 리 백 불 언　세 존　선 남 자 선 여 인　발 아 누 다 라 삼 먁 삼 보 리

心 云何應住 云何降伏其心 佛告須菩提 善男子善女人 發阿耨
심　운 하 응 주　운 하 항 복 기 심　불 고 수 보 리　선 남 자 선 여 인　발 아 누

多羅三藐三菩提者 當生如是心 我應滅度一切眾生 滅度一切眾
다 라 삼 먁 삼 보 리 자　당 생 여 시 심　아 응 멸 도 일 체 중 생　멸 도 일 체 중

生已 而無有一眾生 實滅度者 何以故 須菩提 若菩薩 有我相人
생 이　이 무 유 일 중 생　실 멸 도 자　하 이 고　수 보 리　약 보 살　유 아 상 인

相眾生相壽者相 則非菩薩 所以者何 須菩提 實無有法 發阿耨
상 중 생 상 수 자 상　즉 비 보 살　소 이 자 하　수 보 리　실 무 유 법　발 아 누

多羅三藐三菩提者 須菩提 於意云何 如來於然燈佛所 有法得阿
다 라 삼 먁 삼 보 리 자　수 보 리　어 의 운 하　여 래 어 연 등 불 소　유 법 득 아

耨多羅三藐三菩提不 不也世尊 如我解佛所說義 佛於然燈佛所
누 다 라 삼 먁 삼 보 리 부　불 야 세 존　여 아 해 불 소 설 의　불 어 연 등 불 소

無有法得阿耨多羅三藐三菩提 佛言 如是如是 須菩提 實無有法
무 유 법 득 아 누 다 라 삼 먁 삼 보 리　불 언　여 시 여 시　수 보 리　실 무 유 법

如來得阿耨多羅三藐三菩提 須菩提 若有法如來得阿耨多羅三
여 래 득 아 누 다 라 삼 먁 삼 보 리　수 보 리　약 유 법 여 래 득 아 누 다 라 삼

藐三菩提者 然燈佛 則不與我受記 汝於來世 當得作佛 號釋迦
먁 삼 보 리 자　연 등 불　즉 불 여 아 수 기　여 어 래 세　당 득 작 불　호 석 가

牟尼 以實無有法得阿耨多羅三藐三菩提 是故 然燈佛 與我受記
모 니　이 실 무 유 법 득 아 누 다 라 삼 먁 삼 보 리　시 고　연 등 불　여 아 수 기

作是言 汝於來世 當得作佛 號釋迦牟尼 何以故 如來者 卽諸法
작 시 언　여 어 래 세　당 득 작 불　호 석 가 모 니　하 이 고　여 래 자　즉 제 법

如義 若有人言 如來得阿耨多羅三藐三菩提 須菩提 實無有法佛
여 의　약 유 인 언　여 래 득 아 누 다 라 삼 먁 삼 보 리　수 보 리　실 무 유 법 불

得阿耨多羅三藐三菩提 須菩提 如來所得阿耨多羅三藐三菩提
득 아 누 다 라 삼 먁 삼 보 리　수 보 리　여 래 소 득 아 누 다 라 삼 먁 삼 보 리

於是中 無實無虛 是故 如來說 一切法 皆是佛法 須菩提 所言一
어 시 중　무 실 무 허　시 고　여 래 설　일 체 법　개 시 불 법　수 보 리　소 언 일

切法者 卽非一切法 是故 名一切法 須菩提 譬如人身長大 須菩
체 법 자　즉 비 일 체 법　시 고　명 일 체 법　수 보 리　비 여 인 신 장 대　수 보

提言 世尊 如來說人身長大 則爲非大身 是名大身 須菩提 菩薩
리 언　세 존　여 래 설 인 신 장 대　즉 위 비 대 신　시 명 대 신　수 보 리　보 살

亦如是 若作是言 我當滅度無量衆生 則不名菩薩 何以故 須菩
역 여 시　약 작 시 언　아 당 멸 도 무 량 중 생　즉 불 명 보 살　하 이 고　수 보

提 實無有法名爲菩薩 是故 佛說一切法 無我無人無衆生無壽者
리　실 무 유 법 명 위 보 살　시 고　불 설 일 체 법　무 아 무 인 무 중 생 무 수 자

須菩提 若菩薩作是言 我當莊嚴佛土 是不名菩薩 何以故 如來
수보리 약보살작시언 아당장엄불토 시불명보살 하이고 여래

說莊嚴佛土者 即非莊嚴 是名莊嚴 須菩提 若菩薩 通達無我法
설장엄불토자 즉비장엄 시명장엄 수보리 약보살 통달무아법

者 如來說名眞是菩薩
자 여래설명진시보살

一體同觀分 第十八
일체동관분 제십팔

須菩提 於意云何 如來有肉眼不 如是世尊 如來有肉眼
수보리 어의운하 여래유육안부 여시세존 여래유육안

須菩提 於意云何 如來有天眼不 如是世尊 如來有天眼
수보리 어의운하 여래유천안부 여시세존 여래유천안

須菩提 於意云何 如來有慧眼不 如是世尊 如來有慧眼
수보리 어의운하 여래유혜안부 여시세존 여래유혜안

須菩提 於意云何 如來有法眼不 如是世尊 如來有法眼
수보리 어의운하 여래유법안부 여시세존 여래유법안

須菩提 於意云何 如來有佛眼不 如是世尊 如來有佛眼 須菩提
수보리 어의운하 여래유불안부 여시세존 여래유불안 수보리

於意云何 如恒河中所有沙 佛說是沙不 如是世尊 如來說是沙
어의운하 여항하중소유사 불설시사부 여시세존 여래설시사

須菩提 於意云何 如一恒河中所有沙 有如是等恒河 是諸恒河所
수보리 어의운하 여일항하중소유사 유여시등항하 시제항하소

有沙數佛世界 如是寧爲多不 甚多世尊 佛告須菩提 爾所國土中
유사수불세계 여시영위다부 심다세존 불고수보리 이소국토중

所有衆生 若干種心 如來悉知 何以故 如來說諸心 皆爲非心 是
소유중생 약간종심 여래실지 하이고 여래설제심 개위비심 시

名爲心 所以者何 須菩提 過去心不可得 現在心不可得 未來心
명위심 소이자하 수보리 과거심불가득 현재심불가득 미래심

不可得
불가득

法界通化分 第十九
법계통화분 제십구

須菩提 於意云何 若有人 滿三千大千世界七寶 以用布施 是人
수보리 어의운하 약유인 만삼천대천세계칠보 이용보시 시인

以是因緣 得福多不 如是世尊 此人 以是因緣 得福甚多 須菩提
이시인연 득복다부 여시세존 차인 이시인연 득복심다 수보리

若福德有實 如來不說得福德多 以福德無故 如來說得福德多
약복덕유실 여래불설득복덕다 이복덕무고 여래설득복덕다

離色離相分 第二十
이색이상분 제이십

須菩提 於意云何 佛可以具足色身見不 不也世尊 如來不應以具
수보리 어의운하 불가이구족색신견부 불야세존 여래불응이구

足色身見 何以故 如來說具足色身 卽非具足色身 是名具足色身
족색신견 하이고 여래설구족색신 즉비구족색신 시명구족색신

須菩提 於意云何 如來可以具足諸相見不 不也世尊 如來不應以
수보리 어의운하 여래가이구족제상견부 불야세존 여래불응이

具足諸相見 何以故 如來說諸相具足 卽非具足 是名諸相具足
구족제상견 하이고 여래설제상구족 즉비구족 시명제상구족

非說所說分 第二十一
비설소설분 제이십일

須菩提 汝勿謂如來作是念 我當有所說法 莫作是念 何以故 若
수보리 여물위여래작시념 아당유소설법 막작시념 하이고 약

人言 如來有所說法 卽爲謗佛 不能解我所說故 須菩提 說法者
인언 여래유소설법 즉위방불 불능해아소설고 수보리 설법자

無法可說 是名說法 爾時 慧命須菩提 白佛言 世尊 頗有衆生 於
무법가설 시명설법 이시 혜명수보리 백불언 세존 파유중생 어

未來世 聞說是法 生信心不 佛言 須菩提 彼非衆生 非不衆生 何
미래세 문설시법 생신심부 불언 수보리 피비중생 비불중생 하

以故 須菩提 衆生衆生者 如來說非衆生 是名衆生
이고 수보리 중생중생자 여래설비중생 시명중생

無法可得分 第二十二
무법가득분 제이십이

須菩提白佛言 世尊 佛得阿耨多羅三藐三菩提 爲無所得耶 佛言
수보리백불언 세존 불득아누다라삼먁삼보리 위무소득야 불언

如是如是 須菩提 我於阿耨多羅三藐三菩提 乃至無有少法可得
여시여시 수보리 아어아누다라삼먁삼보리 내지무유소법가득

是名阿耨多羅三藐三菩提
시명아누다라삼먁삼보리

淨心行善分 第二十三
정심행선분 제이십삼

復次 須菩提 是法平等 無有高下 是名阿耨多羅三藐三菩提 以
부차 수보리 시법평등 무유고하 시명아누다라삼먁삼보리 이

無我無人無衆生無壽者 修一切善法 則得阿耨多羅三藐三菩提
무 아 무 인 무 중 생 무 수 자　수 일 체 선 법　즉 득 아 누 다 라 삼 먁 삼 보 리

須菩提 所言善法者 如來說 卽非善法 是名善法
수 보 리　소 언 선 법 자　여 래 설　즉 비 선 법　시 명 선 법

福智無比分 第二十四
복 지 무 비 분　제 이 십 사

須菩提 若三千大千世界中 所有諸須彌山王 如是等七寶聚 有人
수 보 리　약 삼 천 대 천 세 계 중　소 유 제 수 미 산 왕　여 시 등 칠 보 취　유 인

持用布施 若人 以此般若波羅蜜經 乃至四句偈等 受持讀誦 爲
지 용 보 시　약 인　이 차 반 야 바 라 밀 경　내 지 사 구 게 등　수 지 독 송　위

他人說 於前福德 百分不及一 百千萬億分 乃至算數譬喩 所不
타 인 설　어 전 복 덕　백 분 불 급 일　백 천 만 억 분　내 지 산 수 비 유　소 불

能及
능 급

化無所化分 第二十五
화 무 소 화 분　제 이 십 오

須菩提 於意云何 汝等勿謂如來作是念 我當度衆生 須菩提 莫
수 보 리　어 의 운 하　여 등 물 위 여 래 작 시 념　아 당 도 중 생　수 보 리　막

作是念 何以故 實無有衆生如來度者 若有衆生如來度者 如來則
작 시 념　하 이 고　실 무 유 중 생 여 래 도 자　약 유 중 생 여 래 도 자　여 래 즉

有我人衆生壽者 須菩提 如來說有我者 則非有我 而凡夫之人
유 아 인 중 생 수 자　수 보 리　여 래 설 유 아 자　즉 비 유 아　이 범 부 지 인

以爲有我 須菩提 凡夫者 如來說則非凡夫
이 위 유 아　수 보 리　범 부 자　여 래 설 즉 비 범 부

法身非相分 第二十六
법신비상분 제이십육

須菩提 於意云何 可以三十二相 觀如來不 須菩提言 如是如
수보리 어의운하 가이삼십이상 관여래부 수보리언 여시여

是 以三十二相 觀如來 佛言 須菩提 若以三十二相 觀如來者 轉
시 이삼십이상 관여래 불언 수보리 약이삼십이상 관여래자 전

輪聖王 則是如來 須菩提白佛言 世尊 如我解佛所說義 不應以
륜성왕 즉시여래 수보리백불언 세존 여아해불소설의 불응이

三十二相 觀如來 爾時世尊 而說偈言
삼십이상 관여래 이시세존 이설게언

若以色見我　以音聲求我
약이색견아　이음성구아

是人行邪道　不能見如來
시인행사도　불능견여래

無斷無滅分 第二十七
무단무멸분 제이십칠

須菩提 汝若作是念 如來不以具足相故 得阿耨多羅三藐三菩提
수보리 여약작시념 여래불이구족상고 득아누다라삼먁삼보리

須菩提 莫作是念 如來不以具足相故 得阿耨多羅三藐三菩提 須
수보리 막작시념 여래불이구족상고 득아누다라삼먁삼보리 수

菩提 汝若作是念 發阿耨多羅三藐三菩提者 說諸法斷滅相 莫作
보리 여약작시념 발아누다라삼먁삼보리자 설제법단멸상 막작

是念 何以故 發阿耨多羅三藐三菩提心者 於法 不說斷滅相
시념 하이고 발아누다라삼먁삼보리심자 어법 불설단멸상

不受不貪分 第二十八
불수불탐분 제이십팔

須菩提 若菩薩 以滿恒河沙等世界七寶 持用布施 若復有人 知
수보리 약보살 이만항하사등세계칠보 지용보시 약부유인 지

一切法無我 得成於忍 此菩薩 勝前菩薩所得功德 須菩提 以諸
일체법무아 득성어인 차보살 승전보살소득공덕 수보리 이제

菩薩 不受福德故 須菩提白佛言 世尊 云何菩薩 不受福德 須菩
보살 불수복덕고 수보리백불언 세존 운하보살 불수복덕 수보

提 菩薩 所作福德 不應貪着 是故 說不受福德
리 보살 소작복덕 불응탐착 시고 설불수복덕

威儀寂靜分 第二十九
위의적정분 제이십구

須菩提 若有人言 如來若來若去若坐若臥 是人 不解我所說義
수보리 약유인언 여래약래약거약좌약와 시인 불해아소설의

何以故 如來者 無所從來 亦無所去 故名如來
하이고 여래자 무소종래 역무소거 고명여래

一合理相分 第三十
일합이상분 제삼십

須菩提 若善男子善女人 以三千大千世界 碎爲微塵 於意云何
수보리 약선남자선여인 이삼천대천세계 쇄위미진 어의운하

是微塵衆 寧爲多不 甚多世尊 何以故 若是微塵衆 實有者 佛則
시미진중 영위다부 심다세존 하이고 약시미진중 실유자 불즉

不說是微塵眾 所以者何 佛說微塵眾 則非微塵眾 是名微塵眾
불설시미진중 소이자하 불설미진중 즉비미진중 시명미진중

世尊 如來所說三千大千世界 則非世界 是名世界 何以故 若世
세존 여래소설삼천대천세계 즉비세계 시명세계 하이고 약세

界 實有者 則是一合相 如來說一合相 則非一合相 是名一合相
계 실유자 즉시일합상 여래설일합상 즉비일합상 시명일합상

須菩提 一合相者 則是不可說 但凡夫之人 貪着其事
수보리 일합상자 즉시불가설 단범부지인 탐착기사

知見不生分 第三十一
지견불생분 제삼십일

須菩提 若人言 佛說我見人見眾生見壽者見 須菩提 於意云何
수보리 약인언 불설아견인견중생견수자견 수보리 어의운하

是人 解我所說義不 不也世尊 是人 不解如來所說義 何以故 世
시인 해아소설의부 불야세존 시인 불해여래소설의 하이고 세

尊說我見人見眾生見壽者見 卽非我見人見眾生見壽者見 是名
존설아견인견중생견수자견 즉비아견인견중생견수자견 시명

我見人見眾生見壽者見 須菩提 發阿耨多羅三藐三菩提心者 於
아견인견중생견수자견 수보리 발아누다라삼먁삼보리심자 어

一切法 應如是知 如是見 如是信解 不生法相 須菩提 所言法相
일체법 응여시지 여시견 여시신해 불생법상 수보리 소언법상

者 如來說卽非法相 是名法相
자 여래설즉비법상 시명법상

應化非眞分 第三十二
응화비진분 제삼십이

須菩提 若有人 以滿無量阿僧祇世界七寶 持用布施 若有善男子
수보리 약유인 이만무량아승기세계칠보 지용보시 약유선남자

善女人 發菩薩心者 持於此經 乃至四句偈等 受持讀誦 爲人演
선여인 발보살심자 지어차경 내지사구게등 수지독송 위인연

說 其福勝彼 云何爲人演說 不取於相 如如不動 何以故
설 기복승피 운하위인연설 불취어상 여여부동 하이고

一切有爲法 如夢幻泡影
일체유위법 여몽환포영

如露亦如電 應作如是觀
여로역여전 응작여시관

佛說是經已 長老須菩提 及諸比丘比丘尼 優婆塞優婆夷 一切世
불설시경이 장로수보리 급제비구비구니 우바새우바이 일체세

間天人阿修羅 聞佛所說 皆大歡喜 信受奉行
간천인아수라 문불소설 개대환희 신수봉행

金剛般若波羅蜜經 終
금강반야바라밀경 종

金剛般若波羅蜜經
금 강 반 야 바 라 밀 경

眞言
진 언

那謨婆伽跋帝 鉢喇壞 波羅弭多曳 唵 伊利底 伊室利 輸盧馱 毘舍耶
나 모 바 가 발 제 발 라 양 파 라 미 다 예 옴 이 리 저 이 실 리 수 로 타 비 사 야

毘舍耶 娑婆訶
비 사 야 사 바 하

금강반야바라밀경

금강반야바라밀경

제1분 법회의 인연

이와 같이 나는 들었습니다. 어느 날 부처님께서 사위국 기수급고독원에 거룩한 비구 천이백오십 명과 함께 계셨습니다. 그때 세존께서는 공양을 드실 때가 되어 가사를 입고 발우를 들고 걸식하고자 사위대성에 들어가셨습니다. 성 안에서 차례로 걸식하신 후 본래의 처소로 돌아오셨습니다. 공양을 마치신 뒤 가사와 발우를 거두고 발을 씻으신 다음 자리를 펴고 앉으셨습니다.

제2분 수보리가 법을 물음

그때 대중 가운데 있던 수보리 존자가 자리에서 일어나 옷차림을 바르게 정돈하고 오른쪽 무릎을 땅에 대며 합장하고 공손히 부처님께 여쭈었습니다.

"희유하십니다. 세존이시여! 여래께서는 보살들을 잘 보호해 주시며 보살들을 잘 격려해 주십니다. 세존이시여! 선남자 선여인이 가장 높고 바른 깨달음을 얻고자 하면 어떻게 살아야 하며 어떻게 그 마음을 다스려야 합니까?"

부처님께서 말씀하셨습니다.

"매우 좋은 질문이다. 수보리여! 그대의 말과 같이 여래는 보살들을 잘 보호해 주며 잘 격려해 준다. 그대는 자세히 들어라. 그대에게 설하리라. 가장 높고 바른 깨달음을 얻고자 하는 선남자 선여인은 반드시 이와 같이 살아야 하며 이와 같이 그 마음을 다스려야 한다."

"예, 그렇게 하겠습니다. 세존이시여! 바라건대 즐겁게 듣고자 하나이다."

제3분 대승의 근본 뜻

부처님께서 수보리에게 말씀하셨습니다.

"모든 보살마하살은 다음과 같이 그 마음을 다스려야 한다. '알에서 태어난 것이나, 태에서 태어난 것이나, 습기에서 태어난 것이나, 변화하여 태어난 것이나, 형상이 있는 것이나, 형상이 없는 것이나, 생각이 있는 것이나, 생각이 없는 것이나, 생각이 있는 것도 아니고 없는 것도 아닌 온갖 중생들을 내가 모두 완전한 열반에 들게 하리라. 이와 같이 헤아릴 수 없이 많은 중생을 제도하였지만 실은 제도를 받은 중생이 아무도 없다.'

왜냐하면 수보리여! 만약 보살에게 '나'라는 상, '남'이라는 상, '중생'이라는 상, '수명'에 대한 상이 있으면 보살이 아니기 때문이다."

제4분 집착 없는 보시

"또한 수보리여! 보살은 어떤 대상에도 집착 없이 보시를 해야 한다. 이를테면 사물에 집착하지 말고 보시할 것이며, 소리와 향기와 맛과 감촉과 마음의 대상에도 집착 없이 보시해야 한다.

수보리여! 보살은 이와 같이 보시하되 어떤 대상에 대한 관념에도 집착하지 않아야 한다. 왜냐하면 보살이 대상에 대한 관념에 집착 없이 보시하면 그 복덕은 헤아릴 수 없기 때문이다.

　수보리여! 그대는 어떻게 생각하는가? 동쪽 허공을 모두 상상할 수 있겠는가?"

　"상상할 수 없습니다. 세존이시여!"

　"수보리여! 남쪽 서쪽 북쪽과 네 간방과 아래 위 허공을 모두 상상할 수 있겠는가?"

　"상상할 수 없습니다. 세존이시여!"

　"수보리여! 보살이 대상에 대한 관념에 집착하지 않고 보시하는 복덕도 이와 같아서 상상할 수 없느니라. 수보리여! 보살은 반드시 가르친 대로 살아야 한다."

제5분 여래의 참 모습

　"수보리여! 그대는 어떻게 생각하는가? 신체적 특징을 가지고 여래라고 볼 수 있겠는가?"

　"아닙니다. 세존이시여! 신체적 특징을 가지고 여래라고 볼 수는 없습니다. 왜냐하면 여래께서 말씀하신 신체적 특징은 바로 신체적 특징이 아니기 때문입니다."

　부처님께서 수보리에게 말씀하셨습니다.

　"신체적 특징들은 모두 헛된 것이니 신체적 특징이 신체적 특징 아님을 본다면 바로 여래를 보리라."

제6분 깊은 믿음

수보리가 부처님께 여쭈었습니다.

"세존이시여! 이와 같은 말씀을 듣고 진실한 믿음을 내는 중생들이 있겠습니까?"

부처님께서 수보리에게 말씀하셨습니다.

"그런 말을 하지 말라. 여래가 열반에 들고 오백 년 뒤에도 계를 지니고 복덕을 닦는 이들이 있을 것이다. 그들은 이러한 말에 신심을 낼 수 있고 이것을 진실한 말로 여길 것이다. 이 사람은 한 부처님이나 두 부처님, 서너 다섯 부처님께 선근을 심었을 뿐만 아니라 이미 한량없는 부처님 처소에서 여러 가지 선근을 심었으므로 이 말씀을 듣고 잠깐이라도 청정한 믿음을 내는 자임을 알아야 한다.

수보리여! 여래는 이 모든 중생들이 이와 같이 한량없는 복덕을 얻으리라는 것을 다 알고 다 보느니라. 왜냐하면 이러한 중생들은 다시는 '나'라는 상이나, '남'이라는 상이나, '중생'이라는 상이나, '수명'에 대한 상이 없고, 옳은 법이라는 상도 없고, 그른 법이라는 상도 없기 때문이니라.

왜냐하면 이러한 중생들이 만약 마음에 어떤 상을 취하면, 곧 '나'와 '남'과 '중생'과 '수명'에 집착하는 것이고, 법이라는 상을 가지면 '나'와 '남'과 '중생'과 '수명'에 집착하는 것이기 때문이다.

왜냐하면 만약 옳은 법이라는 상을 취하여도 곧 '나'와 '남'과 '중생'과 '수명'에 집착하게 되며, 만약 그른 법이라는 상을 취하여도 '나'와 '남'과 '중생'과 '수명'에 집착하게 되기 때문이니라. 그러므로 옳은 법에 집착해도 안 되고 그른 법에 집착해도 안 된다.

그러기에 여래는 늘 말씀하셨다. 그대 비구들이여! 나의 설법을 뗏목의 비유처럼 알아라. 옳은 법도 버려야 하거늘 하물며 법 아닌 것이랴!"

제7분 깨침과 설법이 없음

"수보리여! 그대는 어떻게 생각하는가? 여래가 가장 높고 바른 깨달음을 얻었는가? 또 여래가 설법한 바가 있는가?"

수보리가 대답하였습니다.

"제가 부처님께서 말씀하신 뜻을 이해하기로는 가장 높고 바른 깨달음이라 할 만한 정해진 법이 없고, 또한 여래께서 설한 단정적인 법도 없습니다. 왜냐하면 여래께서 설한 법은 모두 얻을 수도 없고 설할 수도 없으며, 법도 아니고 법아님도 아니기 때문입니다. 그것은 모든 성현들이 다 무위법 속에서 차이가 있는 까닭입니다."

제8분 부처와 깨달음의 어머니, 금강경

"수보리여! 그대는 어떻게 생각하는가? 어떤 사람이 삼천대천세계에 칠보를 가득 채워 보시한다면 이 사람의 복덕이 얼마나 많겠는가?"

수보리가 대답하였습니다.

"아주 많습니다. 세존이시여! 왜냐하면 이 복덕은 바로 복덕의 본질이 아닌 까닭에 여래께서는 복덕이 많다고 말씀하신 것입니다."

"만약 어떤 사람이 이 경의 사구게 만이라도 받아 지니고 다른 사람을 위해 말해 준다면, 이 복이 앞에 말한 복덕보다 더 뛰어나다. 왜냐하면 수보리여! 모든 부처님과 모든 부처님의 가장 높고 바른 깨달음의 도리는 다

이 경에서 나왔기 때문이다. 수보리여! 부처의 가르침이라고 말하는 것은 부처의 가르침이 아니다."

제9분 관념과 그 관념의 부정

"수보리여! 그대는 어떻게 생각하는가? 수다원이 생각하기를 '나는 수다원의 과위를 얻었노라' 하겠는가?"

수보리가 대답하였습니다.

"아닙니다. 세존이시여! 왜냐하면 수다원은 '성자의 흐름에 든 자'라고 불리지만 실은 어디에 들어가는 것이 아닙니다. 형색이나 소리나 향기나 맛이나 감촉이나 마음의 대상에 들어가지 않는 것을 수다원이라 하기 때문입니다."

"수보리여! 그대는 어떻게 생각하는가? 사다함이 생각하기를 '나는 사다함의 과위를 얻었노라' 하겠는가?"

수보리가 대답하였습니다.

"아닙니다. 세존이시여! 왜냐하면 사다함은 '한 번 갔다 온다'는 말이지만, 실은 가고 옴이 없습니다. 그 이름이 사다함일 뿐이기 때문입니다."

"수보리여! 그대는 어떻게 생각하는가? 아나함이 생각하기를 '나는 아나함의 과위를 얻었노라' 하겠는가?"

수보리가 대답했습니다.

"아닙니다. 세존이시여! 왜냐하면 아나함은 '되돌아오지 않는 자'라는 말이지만 실로 되돌아오지 않는 것이 없기 때문입니다."

"수보리여! 그대는 어떻게 생각하는가? 아라한이 생각하기를 '나는 아라한의 과위를 얻었노라' 하겠는가?"

수보리가 대답하였습니다.

"아닙니다. 세존이시여! 왜냐하면 실제 아라한이라 할 만한 법이 없기 때문입니다. 세존이시여! 아라한이 '나는 아라한의 경지를 얻었다'고 생각한다면 이는 곧 '나'와 '남'과 '중생'과 '수명'에 집착하는 것이 되기 때문입니다.

세존이시여! 부처님께서 저를 다툼이 없는 삼매를 얻은 사람 가운데서 제일이라고 말씀하셨습니다. 이는 욕망을 떠난 아라한 중에 제일이라는 것입니다. 그러나 저는 '나는 욕망을 여읜 아라한이다'라고 생각하지 않습니다.

세존이시여! 제가 만약 '나는 아라한의 경지를 얻었다'고 생각한다면 세존께서는 '수보리는 적정행을 좋아하는 사람이다. 수보리는 실로 적정행을 한 것이 없으므로 수보리는 적정행을 좋아한다'라고 말씀하시지 않았을 것입니다."

제10분 불국토의 장엄

부처님께서 수보리에게 말씀하셨습니다.

"그대는 어떻게 생각하는가? 여래가 옛적에 연등부처님 처소에서 법을 얻은 것이 있는가?"

"없습니다. 세존이시여! 여래께서 연등부처님 처소에서 실제로 법을 얻은 것이 없습니다."

"수보리여! 그대는 어떻게 생각하는가? 보살이 불국토를 장엄하는가?"

"아닙니다. 세존이시여! 왜냐하면 불국토를 장엄한다는 것은 곧 장엄이 아니며, 그 이름이 장엄일 뿐이기 때문입니다."

"그러므로 수보리여! 모든 보살마하살은 이와 같이 깨끗한 마음을 내어야 한다. 형색에 집착하지 않고 마음을 내어야 하고 소리, 냄새, 맛, 감촉, 마음의 대상에도 집착하지 않고 마음을 내어야 한다. 마땅히 집착 없이 그 마음을 내어야 한다. 수보리여! 비유하자면 어떤 사람의 몸이 수미산만큼 크다면 그대는 어떻게 생각하는가? 그 몸이 크다고 하겠는가?"

수보리가 대답하였습니다.

"아주 큽니다. 세존이시여! 왜냐하면 부처님께서 말씀하신 것은 몸이 아니며, 그 이름이 큰 몸일 뿐이기 때문입니다."

제11분 무위법의 뛰어난 복덕

"수보리여! 항하의 모래 수만큼 그렇게 많은 항하가 있다면 그대는 어떻게 생각하는가? 그 모든 항하에 있는 모래의 수는 진정 많다고 하겠는가?"

수보리가 대답하였습니다.

"아주 많습니다. 세존이시여! 단지 저 모든 항하의 수만 해도 헤아릴 수 없이 많은데 하물며 그 가운데 있는 모래의 수이겠습니까?"

"수보리여! 내가 이제 진실한 말로 그대에게 말한다. 선남자 선여인이 저 항하의 모래 수처럼 많은 삼천대천세계에 칠보를 가득 채워 보시한다면 그 복덕이 얼마나 많겠는가?"

수보리가 대답하였습니다.

"아주 많습니다. 세존이시여!"

부처님께서 수보리에게 말씀하셨습니다.

"선남자 선여인이 이 경의 사구게만이라도 받아 지니고 남을 위해 설명해 준다면 그 복덕이 앞에 말한 복덕보다 더 뛰어나다."

제12분 올바른 가르침의 존중

"또한 수보리여! 이 경의 사구게만이라도 설해지는 곳곳마다 어디든지 모든 세상의 천신·인간·아수라가 마땅히 공양할 부처님의 탑묘임을 알아야 한다. 하물며 이 경 전체를 받고 지니고 읽고 외우는 사람이랴!

수보리여! 이 사람은 가장 높고 가장 경이로운 법을 성취할 것임을 알아야 한다. 이와 같이 경전이 있는 곳은 부처님과 훌륭한 제자들이 계시는 곳이 되느니라."

제13분 이 경을 수지하는 방법

그때 수보리가 부처님께 여쭈었습니다.

"세존이시여! 이 경의 이름을 무엇이라 해야 하며 저희가 어떻게 받들어 지녀야 합니까?"

부처님께서 수보리에게 말씀하셨습니다.

"이 경의 이름은 '금강반야바라밀'이다. 너희들은 이 이름으로 받들어 지녀야 한다. 왜냐하면 수보리여! 여래는 반야바라밀이란 곧 반야바라밀이 아니고 그 이름이 반야바라밀이라고 설했기 때문이다. 수보리여! 그대는 어떻게 생각하는가? 여래가 설한 법이 있는가?"

수보리가 부처님께 말씀드렸습니다.

"세존이시여! 여래께서는 설하신 법이 없습니다."

"수보리여! 그대는 어떻게 생각하는가? 삼천대천세계를 이루고 있는 티끌이 많다고 하겠는가?"

수보리가 대답하였습니다.

"아주 많습니다. 세존이시여!"

"수보리여! 여래는 티끌들을 티끌이 아니라고 설하였으므로 티끌이라 말한다. 여래는 세계를 세계가 아니라고 설하였으므로 세계라고 말한다. 수보리여! 그대는 어떻게 생각하는가? 서른두 가지 거룩한 상호로써 여래라고 볼 수 있겠는가?"

"아닙니다. 세존이시여! 서른두 가지의 거룩한 상호를 가지고 여래라고 볼 수는 없습니다. 왜냐하면 여래께서는 서른두 가지의 거룩한 상호는 곧 상호가 아니고 그 이름이 서른두 가지의 거룩한 상호일 뿐이라고 설하셨기 때문입니다."

"수보리여! 어떤 선남자 선여인이 항하의 모래 수만큼 많은 목숨을 바쳐 보시를 한다고 하자. 또 어떤 사람이 이 경의 사구게만이라도 받아 지니고 다른 사람을 위해 설명해 준다고 하자. 그러면 이 복이 저 복보다 더욱 많으리라."

제14분 상을 떠난 적멸

그때 수보리가 이 경을 설하심을 듣고 그 뜻을 깊이 깨달아 이해하고는 감격의 눈물을 흘리며 부처님께 말씀드렸습니다.

"참으로 경이롭습니다. 세존이시여! 제가 옛날부터 지금까지 닦아 얻은 혜안으로는 부처님께서 이같이 깊이 있는 경전을 설하심을 들은 적이 없습니다. 세존이시여! 만일 어떤 사람이 이 경을 듣고 믿음이 청정해지면 바로 궁극적 지혜가 일어날 것이니, 이 사람은 가장 경이로운 공덕을 성취할 것임을 알아야 합니다.

세존이시여! 이 궁극적 지혜라는 것은 궁극적 지혜가 아닌 까닭에 여래께서는 궁극적 지혜라고 말씀하셨습니다. 세존이시여! 제가 지금 이 같은 경전을 듣고서 믿고 이해하고 받고 지니기는 어렵지 않습니다. 그러나 미래 오백년 뒤에도 어떤 중생이 이 경전을 듣고 믿고 이해하고 받고 지닌다면 그 사람은 참으로 희유한 사람이 될 것입니다.

왜냐하면 그 사람은 '나'라는 상도 없고, '남'이라는 상도 없고, '중생'이라는 상도 없고, '수명'에 대한 상도 없기 때문입니다. 왜냐하면 '나'라는 상도 곧 상이 아니며, '남'이라는 상과 '중생'이라는 상과 '수명'에 대한 상도 곧 상이 아니기 때문입니다. 왜냐하면 일체의 상을 떠난 이를 부처님이라 말하기 때문입니다."

부처님께서 수보리에게 말씀하셨습니다.

"참으로 옳은 말이다. 만일 어떤 사람이 이 경을 듣고 놀라지도 않고 무서워하지도 않고 두려워하지도 않는다면 이 사람은 대단히 경이로운 줄 알아야 한다. 왜냐하면 수보리여! 여래가 말한 제일바라밀이란 곧 제일바라밀이 아니고 그 이름이 제일바라밀일 뿐이기 때문이다.

수보리여! 인욕바라밀을 여래는 인욕바라밀이 아니라고 설했다. 왜냐하면 수보리여! 내가 옛적에 가리왕에게 온 몸을 마디마디 잘렸을 때, 나는

'나'라는 상이 없었으며, '남'이라는 상도 없었으며, '중생'이라는 상도 없었으며, '수명'에 대한 상도 없었노라.

왜냐하면 내가 옛날 마디마디 사지가 잘렸을 때 '나'라는 상, '남'이라는 상, '중생'이라는 상, '수명'에 대한 상이 있었다면 성내고 원망하는 마음이 생겼을 것이기 때문이다.

수보리여! 또 기억해 보니 여래가 과거에 오백 생 동안 인욕수행자가 되었을 때가 있었노라. 그때 '나'라는 상이 없었고, '남'이라는 상도 없었으며, '중생'이라는 상도 없었으며, '수명'에 대한 상도 없었느니라.

그러므로 수보리여! 보살은 반드시 일체의 상을 떠나서 최상의 깨달음에 대한 마음을 내어야 한다. 형색에 집착 없이 마음을 내어야 하며 소리, 냄새, 맛, 감촉, 마음의 대상에도 집착 없이 마음을 내야 한다. 마음에 집착이 있다면 그것은 올바른 삶이 아니다. 그러므로 보살은 형색에 집착 없는 마음으로 보시해야 한다고 여래는 설하였다.

수보리여! 보살은 모든 중생을 이롭게 하기 위해 이와 같이 보시해야 한다. 여래는 모든 중생이란 관념은 중생이란 관념이 아니라고 설하고, 또 모든 중생도 중생이 아니라고 설한다. 수보리여! 여래는 바른말을 하는 이고, 참된 말을 하는 이며, 이치에 맞는 말을 하는 이고, 속임 없이 말하는 이며, 사실대로 말하는 이다. 수보리여! 여래가 얻은 법에는 진실도 없고 거짓도 없다.

수보리여! 보살이 대상에 집착하는 마음으로 보시하는 것은 마치 사람이 어둠 속에 들어가면 아무것도 볼 수 없는 것과 같고, 보살이 대상에 집착하지 않는 마음으로 보시하는 것은 마치 눈 있는 사람에게 햇빛이 밝게 비

치면 갖가지 모양을 볼 수 있는 것과 같다.

수보리여! 미래에 선남자 선여인이 이 경전을 받고 지니고 읽고 외운다면 여래는 부처의 지혜로 이 사람들이 모두 한량없는 공덕을 성취하게 될 것임을 다 알고 다 본다."

제15분 경을 지니는 공덕

"수보리여! 선남자 선여인이 오전에 항하의 모래 수만큼 많은 몸을 보시하고, 낮에 또 항하의 모래 수와 같은 몸으로 보시하며, 저녁에 또한 항하의 모래 수와 같이 많은 몸으로 보시하여, 이와 같이 한량없는 시간 동안 몸을 보시하더라도 어떤 사람이 이 경의 말씀을 듣고 비방하지 않고 믿는다면 이 복은 앞에 말한 복보다 더 뛰어나다. 그런데 하물며 이 경전을 쓰고 받고 지니고 읽고 외우고 다른 사람을 위해 설명해 줌이랴!

수보리여! 간단하게 말하면 이 경에는 생각할 수도 없고 헤아릴 수도 없는 한없는 공덕이 있다. 여래는 대승에 나아가는 사람들을 위해 이 경을 설하며, 최상승의 마음을 낸 사람을 위하여 이 경을 설한다.

어떤 사람이 이 경을 받고 지니고 읽고 외워 널리 다른 사람을 위해 설해 준다면 여래는 이 사람들이 헤아릴 수 없고 말할 수 없으며 한없고 생각할 수 없는 공덕을 성취할 것임을 다 알고 다 본다. 이와 같은 사람들은 여래의 최상의 깨달음을 감당하게 될 것이다.

왜냐하면 수보리여! 소승법을 좋아하는 사람은 '나'라는 소견, '남'이라는 소견, '중생'이라는 소견, '수명'에 대한 소견에 집착하여 이 경을 듣고 받고 읽고 외워 다른 사람을 위해 설명해 주지 못할 것이기 때문이다.

수보리여! 이 경전이 있는 곳은 어디든지 모든 세상의 천신들과 사람들과 아수라에게 공양을 받을 것이다. 이곳은 바로 부처님의 탑을 모신 곳이 되리니 모두가 공경하고 예배하고 돌면서 그곳에 여러 가지 꽃과 향을 뿌릴 것임을 알아야 한다."

제16분 업장을 맑히는 공덕

"또한 수보리여! 선남자 선여인이 이 경전을 받아 지니고 읽고 외우는데도 남에게 천대와 멸시를 당한다면 이 사람은 전생에 지은 죄업으로 반드시 지옥이나 아귀나 축생에 떨어져야 마땅하겠지만, 금생에 남에게 천대와 멸시를 받았기 때문에 전생의 죄업이 소멸되고 반드시 최상의 깨달음을 얻게 될 것이다.

수보리여! 나는 연등부처님을 만나기 전 과거 한량없는 아승기겁 동안 팔백 사천 만억 나유타의 여러 부처님을 만나, 한 분도 빠짐없이 모두 다 공양하고 받들어 섬겼느니라.

만일 어떤 사람이 앞으로 오는 말세에 이 경을 받고 지니고 읽고 외워서 그가 얻은 공덕에 비하면, 내가 여러 부처님께 공양한 공덕은 백에 하나에도 미치지 못하고 천에 하나 만에 하나 억에 하나에도 미치지 못하며 더 나아가서 어떤 셈이나 비유로도 미치지 못할 것이다.

수보리여! 만약 이 다음 말세에 선남자 선여인이 이 경전을 받고 지니고 읽고 외워서 얻는 공덕을 내가 자세히 말한다면, 아마도 이 말을 듣는 이는 마음이 어지러워서 의심하고 믿지 않을 것이다. 수보리여! 이 경전은 뜻이 불가사의하며 그 과보도 불가사의함을 알아야 한다."

제17분 궁극의 가르침 무아

그때 수보리가 부처님께 여쭈었습니다.

"세존이시여! 최상의 깨달음을 얻고자 하는 선남자 선여인은 어떻게 살아야 하며 어떻게 그 마음을 다스려야 합니까?"

부처님께서 수보리에게 말씀하셨습니다.

"최상의 깨달음을 얻고자 하는 선남자 선여인은 반드시 이와 같은 마음을 내어야 한다. '나는 반드시 일체 중생을 다 제도하리라. 그리고 일체 중생을 다 제도하였으나 실제로는 한 중생도 제도한 것이 없다'

왜냐하면 수보리여! 보살에게 '나'라는 상과 '남'이라는 상과 '중생'이라는 상과 '수명'에 대한 상이 있으면 보살이 아니기 때문이다. 그것은 수보리여! 최상의 깨달음에 나아가는 자라 할 법이 실제로 없기 때문이다.

수보리여! 그대는 어떻게 생각하는가?

여래가 연등부처님 처소에서 얻은 최상의 깨달음이라 할 법이 있었는가?"

"아닙니다. 세존이시여! 제가 부처님께서 말씀하신 뜻을 이해하기로는 부처님께서 연등부처님의 처소에서 얻으신 최상의 깨달음이라 할 법이 없습니다."

부처님께서 말씀하셨습니다.

"사실 그러하니라. 수보리여! 실로 어떤 고정된 법이 있어서 여래가 최상의 깨달음을 얻은 것이 아니다. 수보리여! 만약 어떤 고정된 법이 있어서 여래가 최상의 깨달음을 얻은 것이라면, 연등부처님께서는 나에게 '그대는 내세에 반드시 부처를 이루고 이름을 석가모니라고 하리라'는 수기를 주시지 않았을 것이다.

　실로 어떤 고정된 법이 있어서 최상의 깨달음을 얻은 것이 아니다. 그래서 연등부처님께서는 내게 '그대는 내세에 반드시 부처를 이루리니 그 이름을 석가모니라고 하리라'라고 하셨던 것이다. 왜냐하면 여래는 모든 존재의 진실한 모습을 의미하기 때문이다.

　만약 어떤 사람이 '여래는 최상의 깨달음을 얻었다'라고 말한다면, 수보리여! 여래가 최상의 깨달음을 얻은 법은 실제로 없다. 수보리여! 여래가 얻은 최상의 깨달음에는 진실도 없고 거짓도 없다. 그러므로 여래는 '일체법이 모두 불법이다'라고 설한다. 수보리여! 일체법이라 말한 것은 일체법이 아닌 까닭에 일체법이라 말한다. 수보리여! 비유하자면 사람의 몸이 아주 큰 것과 같다."

　수보리가 말하였습니다.

　"세존이시여! 여래께서 말씀하신 사람의 몸이 아주 크다는 것도 곧 큰 몸이 아니고 그 이름이 큰 몸일 뿐입니다."

　"수보리여! 보살도 역시 그러하다. '나는 반드시 한량없는 중생을 제도하리라' 말한다면 보살이라 할 수 없다. 왜냐하면 수보리여! 보살이라 할 만한 법이 실제로 없기 때문이다. 그러므로 여래는 모든 법에 '나'도 없고, '남'도 없고, '중생'도 없고, '수명'도 없다고 설한 것이다.

　수보리여! 보살이 '나는 반드시 불국토를 장엄하리라' 말한다면 이는 보살이라 할 수 없다. 왜냐하면 여래가 말하는 불국토를 장엄한다는 것은 곧 장엄이 아니고 그 이름이 장엄일 뿐이기 때문이다. 수보리여! 만약 보살이 무아의 이치를 통달하였다면 여래는 이런 이를 '진정한 보살'

이라 부른다."

제18분 분별없이 관찰함

"수보리여! 그대는 어떻게 생각하는가? 여래에게 육안이 있는가?"

"그렇습니다. 세존이시여! 여래에게는 육안이 있습니다."

"수보리여! 그대는 어떻게 생각하는가? 여래에게 천안이 있는가?"

"그렇습니다. 세존이시여! 여래에게는 천안이 있습니다."

"수보리여! 그대는 어떻게 생각하는가? 여래에게 혜안이 있는가?"

"그렇습니다. 세존이시여! 여래에게는 혜안이 있습니다."

"수보리여! 그대는 어떻게 생각하는가? 여래에게 법안이 있는가?"

"그렇습니다. 세존이시여! 여래에게는 법안이 있습니다."

"수보리여! 그대는 어떻게 생각하는가? 여래에게 불안이 있는가?"

"그렇습니다. 세존이시여! 여래에게는 불안이 있습니다."

"수보리여! 그대는 어떻게 생각하는가? 여래는 항하의 모래에 대해서 말한 적이 있는가?"

"그렇습니다. 세존이시여! 여래께서는 그 모래에 대해서 말씀하셨습니다."

"수보리여! 그대는 어떻게 생각하는가? 항하에 있는 모래 수와 같이 많은 항하가 있고, 그 모든 항하의 모래 수와 같은 세계가 있다면 진정 많다고 하겠는가?"

"매우 많습니다. 세존이시여!"

부처님께서 수보리에게 말씀하셨습니다.

"그처럼 많은 세계 가운데 있는 모든 중생의 갖가지 마음을 여래는 다 안다. 왜냐하면 여래가 말하는 모든 마음은 다 마음이 아니라 그 이름이 마음일 뿐이기 때문이다. 왜냐하면 수보리여! 과거의 마음도 찾을 수 없고, 현재의 마음도 찾을 수 없고, 미래의 마음도 찾을 수 없기 때문이다."

제19분 복덕 아닌 복덕

"수보리여! 그대는 어떻게 생각하는가? 어떤 사람이 삼천대천세계에 칠보를 가득 채워 보시한다면 이 사람이 이러한 인연으로 많은 복덕을 얻겠는가?"

"그렇습니다. 세존이시여! 그 사람이 이러한 인연으로 매우 많은 복덕을 얻을 것입니다."

"수보리여! 복덕이 실로 있는 것이라면 여래는 많은 복덕을 얻는다고 말하지 않았을 것이다. 복덕이 본래 없으므로 여래는 많은 복덕을 얻는다고 말한 것이다."

제20분 모습과 특성의 초월

"수보리여! 그대는 어떻게 생각하는가? 육신을 원만하게 잘 갖추었다고 부처님이라고 볼 수 있겠는가?"

"아닙니다. 세존이시여! 육신을 원만하게 잘 갖추었다고 여래라고 볼 수는 없습니다. 왜냐하면 여래께서는 잘 갖춰진 육신의 모습은 곧 잘 갖춰진 육신의 모습이 아니라 그 이름이 잘 갖춰진 육신의 모습일 뿐이라고 말씀하셨기 때문입니다."

"수보리여! 그대는 어떻게 생각하는가? 여러 가지 상호를 잘 갖추었다고 여래라고 볼 수 있겠는가?"

"아닙니다. 세존이시여! 여러 가지 상호를 잘 갖추었다고 여래라고 볼 수는 없습니다. 왜냐하면 여래께서 말씀하신 상호를 잘 갖추고 있다는 것은 상호를 잘 갖추고 있는 것이 아니라, 상호를 잘 갖춘 것이라고 말씀하셨을 뿐이기 때문입니다."

제21분 설법 아닌 설법

"수보리여! 그대는 여래가 '나는 설한 법이 있다'는 생각을 한다고 말하지 말라. 이런 생각을 하지 말라. 왜냐하면 어떤 사람이 '여래께서 설하신 법이 있다'고 말한다면, 이것은 곧 여래를 비방하는 것이 되며, 내가 설한 것을 이해하지 못하는 것이 되기 때문이다. 수보리여! 설법이라는 것은 설할 만한 법이 없는 것이므로 설법이라고 말한다."

그때 수보리 존자가 부처님께 여쭈었습니다.

"세존이시여! 미래에 이러한 도리를 설명하는 것을 듣고 신심을 낼 중생이 조금이라도 있겠습니까?"

부처님께서 말씀하셨습니다.

"수보리여! 저들은 중생이 아니며 중생이 아님도 아니다. 왜냐하면 수보리여! 중생이라 하는 것도 여래는 중생이 아니라 그 이름이 중생일 뿐이라고 말하기 때문이다."

제22분 얻을 것이 없는 법

수보리가 부처님께 여쭈었습니다.

"세존이시여! 부처님께서 최상의 깨달음을 얻으신 것은 얻은 바가 없다고 할 수 있습니까?"

부처님께서 말씀하셨습니다.

"사실 그러하다. 수보리여! 내가 최상의 깨달음에서 아주 작은 법조차도 얻을 만한 것이 없었으므로 최상의 깨달음이라 말한다."

제23분 관념을 떠난 선행

"또한 수보리여! 이 법은 평등하여 높고 낮은 것이 없으니, 이것을 최상의 깨달음이라 말한다. '나'도 없고, '남'도 없고, '중생'도 없고, '수명'도 없는 경지에서 여러 가지 선법을 닦으면 곧 최상의 깨달음을 얻게 된다. 수보리여! 선법이라는 것은 선법이 아니라고 여래는 설하였으므로 선법이라 말한다."

제24분 경전 수지가 최고의 복덕

"수보리여! 예컨대 삼천대천세계에 있는 산 중에서 제일 큰 산인 수미산만큼의 금은보화의 무더기를 가지고 널리 보시하는 사람이 있다고 하자. 그리고 또 이 반야바라밀경의 사구게만이라도 받고 지니고 읽고 외워 다른 사람을 위해 해설해 주는 사람이 있다고 하자. 그러면 앞의 복덕은 뒤의 복덕에 비해 백에 하나에도 미치지 못하고 천에 하나 만에 하나 억에 하나에도 미치지 못하며 나아가서 어떤 셈이나 비유로도 미치지 못한다."

제25분 분별없는 교화

"수보리여! 그대는 어떻게 생각하는가? 그대들은 여래가 '나는 중생을 제도하리라'는 생각을 한다고 말하지 말라. 수보리여! 이런 생각도 하지 말라. 왜냐하면 여래가 제도한 중생이 실제로 없기 때문이다. 만일 여래가 제도한 중생이 있다면, 여래에게도 '나'와 '남'과 '중생'과 '수명'에 대한 집착이 있는 것이다.

수보리여! 자아가 있다는 집착은 자아가 있다는 집착이 아니라고 여래는 설하였다. 그렇지만 범부들이 자아가 있다고 집착한다. 수보리여! 범부라는 것도 여래는 범부가 아니라고 설하였다."

제26분 신체적 특징을 떠난 여래

"수보리여! 그대는 어떻게 생각하는가? 서른두 가지의 신체적 특징으로 여래라고 볼 수 있겠는가?"

수보리가 대답하였습니다.

"예, 그렇습니다. 서른두 가지 신체적 특징으로도 여래라고 볼 수 있습니다."

부처님께서 말씀하셨습니다.

"수보리여! 서른두 가지 신체적 특징으로도 여래라고 볼 수 있다면 전륜성왕도 여래라 하겠구나!"

수보리가 부처님께 말씀드렸습니다.

"세존이시여! 제가 부처님께서 말씀하신 뜻을 이해하기로는 서른두 가지 신체적 특징을 가지고는 여래라고 미루어 볼 수 없겠습니다."

그때 세존께서 게송으로 말씀하셨습니다.

"만약 육신으로써 나를 보려 하거나, 음성으로써 나를 찾으면, 잘못된 길을 가는 것일 뿐 여래를 볼 수 없으리라."

제27분 단절과 소멸의 초월

"수보리여! 그대가 혹 '여래는 신체적 특징을 원만하게 갖추지 않았기 때문에 최상의 깨달음을 얻었다'라고 생각하지 않는가? 수보리여! '여래는 신체적 특징을 원만하게 갖추지 않았기 때문에 최상의 깨달음을 얻었다'라고 생각하지 말라.

수보리여! 그대가 만약 '최상의 깨달음에 대한 마음을 일으킨 사람은 모든 모든 법이 단절되고 소멸되어 버림을 주장한다'고 생각한다면, 그런 생각을 하지 말라. 왜냐하면 최상의 깨달음에 대한 마음을 일으킨 사람은 법에 대하여 단절되고 소멸된다는 관념을 말하지 않기 때문이다."

제28분 탐착 없는 복덕

"수보리여! 만약 어떤 보살이 항하의 모래 수와 같이 많은 세계에 금은보화를 가득 채워 보시를 한다고 하자. 또 어떤 사람은 모든 법이 무아임을 알아 인욕을 성취한다고 하자. 그러면 이 사람이 얻은 공덕이 앞의 보살이 얻은 공덕보다 더 뛰어나다. 수보리여! 모든 보살은 복덕을 누리지 않기 때문이다."

수보리가 부처님께 여쭈었습니다.

"세존이시여! 어찌하여 보살이 복덕을 누리지 않습니까?"

"수보리여! 보살은 자신이 지은 복덕에 탐욕을 내거나 집착하지 않기 때문이다. 그러므로 보살은 복덕을 누리지 않는다고 설한 것이다."

제29분 오고 감이 없는 여래

"수보리여! 만약 어떤 사람이 '여래는 오기도 하고 가기도 하며 앉기도 하고 눕기도 한다'고 말한다면, 그 사람은 내가 말한 이치를 이해하지 못한 것이다. 왜냐하면 여래란 오는 것도 없고 가는 것도 없으므로 여래라고 말하기 때문이다."

제30분 하나로 된 이치의 모습

"수보리여! 선남자 선여인이 삼천대천세계를 부수어 가는 티끌을 만든다면, 그대는 어떻게 생각하는가? 이 티끌들이 진정 많겠는가?"
"매우 많습니다. 세존이시여! 왜냐하면 티끌들이 실제로 있는 것이라면 여래께서는 티끌들이라고 말씀하지 않으셨을 것이기 때문입니다. 그것은 여래께서 티끌들은 티끌들이 아니라고 설하셨으므로 티끌들이라고 말씀하신 까닭입니다. 세존이시여! 여래께서 말씀하신 삼천대천세계는 세계가 아니므로 세계라 말씀하십니다.
 왜냐하면 세계가 실제로 있는 것이라면 한 덩어리로 뭉쳐진 것이겠지만, 여래께서 한 덩어리로 뭉쳐진 것은 한 덩어리로 뭉쳐진 것이 아니라고 설하셨으므로 한 덩어리로 뭉쳐진 것이라 말씀하셨기 때문입니다."
"수보리여! 한 덩어리로 뭉쳐진 것은 말할 수가 없는 것인데 범부들이 그것을 탐내고 집착할 따름이다."

제31분 내지 않아야 할 관념

"수보리여! 어떤 사람이 '여래가 '나'라는 지견과 '남'이라는 지견과 '중생'이라는 지견과 '수명'에 대한 지견을 설했다'고 한다면, 수보리여! 그대는 어떻게 생각하는가? 이 사람이 내가 설한 이치를 제대로 알았다 하겠는가?"

"아닙니다. 세존이시여! 그 사람은 여래께서 설한 뜻을 알지 못한 겁니다. 왜냐하면 세존께서 설하신 '나'라는 지견과 '남'이라는 지견과 '중생'이라는 지견과 '수명'에 대한 지견은 곧 '나'라는 지견과 '남'이라는 지견과 '중생'이라는 지견과 '수명'에 대한 지견이 아닙니다. 그 이름이 '나'라는 지견과 '남'이라는 지견과 '중생'이라는 지견과 '수명'에 대한 지견일 뿐입니다."

"수보리여! 최상의 깨달음을 얻고자 하는 이는 일체법에 대하여 이와 같이 알고, 이와 같이 보며, 이와 같이 믿고 이해하여 법이라는 관념을 내지 않아야 한다. 수보리여! 법이라는 관념은 법이라는 관념이 아니라고 여래는 설하였으므로 법이라는 관념이라 말한다."

제32분 관념을 떠난 교화

"수보리여! 만약 어떤 사람이 한량없는 아승기 세계에 칠보를 가득 채워 보시하고, 또 보살의 마음을 낸 어떤 선남자 선여인이 이 경전을 지니되 사구게만이라도 받고 지니고 읽고 외워 다른 사람을 위해 설명하여 준다면, 그 복이 앞의 복보다 훨씬 뛰어나다.

어떻게 남을 위해 설명해 줄 것인가? 설명해 준다는 관념에 집착하지 말고 흔들림 없이 설명해야 한다. 왜냐하면 일체 모든 유위법은 마치 꿈같고, 환영 같고, 물거품 같고, 그림자 같고, 이슬 같고, 번개 같으니 반드시 이와 같이 관찰하도록 하라."

부처님께서 이 경을 다 설하시고 나니 수보리 존자와 여러 비구 · 비구니와 우바새 · 우바이와 모든 세상의 천신들과 인간들과 아수라들이 부처님의 말씀을 듣고는 모두 다 크게 기뻐하며 믿고 받들어 행하였습니다.

지혜와 복덕의 문

金剛般若波羅蜜經 [사경집]

발행일 불기 2566년(서기 2022년) 2월 15일

펴낸곳 도서출판 오색필통
편집 차도경 · 정소연

주소 04626 서울특별시 중구 필동로 42-1 상원빌딩 2층
대표번호 02-2264-3334
이메일 areumy1@naver.com
홈페이지 5color.co.kr

ISBN 979-11-973843-3-2   13220
값 15,000원

※ 잘못된 책은 구입한 곳에서 바꿔드립니다.

값 15,000원
13220

9 791197 384332
ISBN 979-11-973843-3-2